eye.
守望者

——

到灯塔去

Georges de La Tour

[法]帕斯卡·基尼亚尔 著 Pascal Quignard
王明睿 译

乔治·德·拉图尔

南京大学出版社

Originally published in France as:
Georges de La Tour by Pascal Quignard
© EDITIONS GALILEE 2005
Current Chinese translation rights arranged through Divas International, Paris
巴黎迪法国际版权代理 (www.divas-books.com)

Simplified Chinese Edition Copyright © 2024 by NJUP
All rights reserved.

江苏省版权局著作权合同登记 图字：10-2020-305 号

图书在版编目（CIP）数据

乔治·德·拉图尔 /（法）帕斯卡·基尼亚尔著；
王明睿译. -- 南京：南京大学出版社，2025.3.
ISBN 978-7-305-28549-3

Ⅰ．K835.655.72

中国国家版本馆CIP数据核字第2025US8723号

出版发行	南京大学出版社
社　　址	南京市汉口路22号　　　　邮　编　210093

QIAOZHI DE LATUER
书　　名　乔治·德·拉图尔
著　　者　［法］帕斯卡·基尼亚尔
译　　者　王明睿
责任编辑　刘慧宁　　　　　　　　编辑电话　025-83592193

照　　排　南京新华丰制版有限公司
印　　刷　南京爱德印刷有限公司
开　　本　787mm×1092mm　1/32　印张6　字数84千
版　　次　2025年3月第1版　2025年3月第1次印刷
ISBN　978-7-305-28549-3
定　　价　66.00元

网　　址：http://www.njupco.com
官方微博：http://weibo.com/njupco
官方微信号：njupress
销售咨询热线：（025）83594756

* 版权所有，侵权必究
* 凡购买南大版图书，如有印装质量问题，请与所购图书销售部门联系调换

目 录

005　第一章

009　第二章

017　第三章

023　第四章

031　第五章

039　第六章

045　第七章

053　第八章

063　第九章

069　第十章

075	第十一章
083	第十二章
089	第十三章
097	第十四章
103	第十五章
109	第十六章
117	第十七章
121	第十八章
129	第十九章
135	附录1：拉图尔年表
143	附录2：拉图尔小传
173	附录3：历史人物关系
183	译者的话

《拿着梅花 A 的作弊者》，1630—1634 年

《算命者》，1630 年

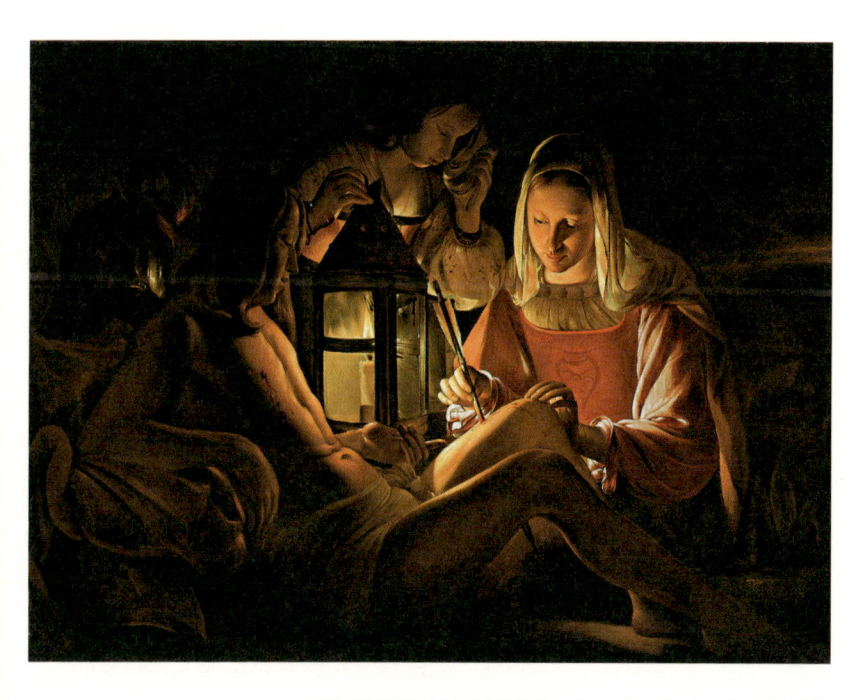

《圣爱莲救治圣塞巴斯蒂安》,十七世纪三十年代早期

《众教士的崇拜》，约 1645 年

第一章

塔勒芒·德·雷欧[1]记载道，杜勒先生[2]陷入了幻觉，觉得火是自己的克星。一发现壁炉里有火炭，他就叫人往里面倒水。他看到蜡烛就颤抖。

十七世纪就这样开始了。

1600年，在巴黎，这位亨利四世的御医无法忍受待在一间有火苗或是火花的房间里。1600年，在维克，一个七岁的孩子站在面包师的烤炉前，并不知道自己的一生都将奉献于此：在一丝火苗的光亮中与自己独处。

注释：

[1] 塔勒芒·德·雷欧（Tallemant des Réaux）：法国作家、诗人、早期报纸创办者。
[2] 杜勒先生：让·杜勒（Jean Duret），其父路易·杜勒（Louis Duret）是查理九世和亨利三世的御医。
（本书注释均为译者注。）

第二章

《忏悔的抹大拉》,1635—1640 年

我们的故事里有两根大蜡烛，它们恰好同时出现：巴洛克音乐的熄灯礼拜经，拉图尔画作里的蜡烛。

在圣周期间，人们做熄灯礼拜时会举办一种仪式，让一个孩子穿着红色长袍和白色法衣，伴着歌声逐个吹灭在昏暗的日暮时分摆成这些字母的蜡烛。人们唱着耶肋米亚哀歌和抹大拉悲歌。哀歌的每一句都用以希伯来字母开头的练声曲打断：

Aleph——我，他引我到黑暗里。

没有蜡烛，他带着我前行。

Beth——他让我皮肉干枯。

他让我头脑困倦不堪：

他让我住在幽暗之处，

和死了许久的人一道。

托马斯·德·维多利亚[1]、托马斯·塔利斯[2]、夏庞蒂埃[3]、兰伯特[4]、德拉兰德[5]、库普兰[6]、让·吉勒[7]，他们创作出了最美的熄灯礼拜经。十七世纪上半叶既是文艺复兴的末期，也有一股巨大的宗教浪潮，这浪潮从宗教战争结束时涌起、壮大，直到路易十三驾崩，也就是从1594年到1643年，甚至可以说一直到1661年马萨林[8]去世。如果不懂贝鲁勒[9]、圣西朗[10]和埃斯普利[11]，就无法理解乔治·德·拉图尔的人像。他们相信会重新出现真正意义上的虔诚，这是最初的虔诚，它朴素、古老、纯洁、庄严。在反宗教改革运动方面，他们不仅认为应该振兴公元头几个世纪里的基督教，而且还对早期罗马抱有幻想。

第二章

拉图尔把夜晚建成了自己的王国。

这是一种内部的夜晚：一座简陋而封闭的住所里有一个人，一处小小的光源微微照着他的身体。

主显节的固定元素有：一、夜晚；二、微光；三、寂静；四、封闭的住所；五、人的身体。

几大片强烈的色彩旁边，勒南[12]看起来寒冷、悲伤、发青、微醺。拉图尔深浅不一的橙色和红色像火炭一样在时间之外燃烧。这只是对其中一幅勒南之画所做的描述，却成了一种永恒的场景。褐色的主体，柠檬色的火焰，纯粹的红色，暗淡的朱红，崇高的悲伤。我想起拉辛在《贝勒尼斯》里写的序言，那是在1670年，他说一切都应当感受这种造就了悲剧之乐的"庄重之悲"。路易·拉辛[13]记载道，有一天自己的父亲带着让·德·拉封丹[14]去做熄灯礼拜，见他厌烦在黑暗里歌唱，就递过去一本小小的经书，翻到《巴录[15]书》中"犹太人的祷告"那一部分。随后的日子里，让·德·拉封丹在大街上逢人就拦住了问："您读过《巴录书》吗？真是绝了。"

他们像是五世纪的希腊人，而且他们知道这一点。

第二章

注释：

[1] 托马斯·德·维多利亚（Tomás de Victoria）：西班牙文艺复兴时期的作曲家。

[2] 托马斯·塔利斯（Thomas Tallis）：英国文艺复兴时期的作曲家、管风琴演奏家。

[3] 夏庞蒂埃：马克·安托万·夏庞蒂埃（Marc-Antoine Charpentier），法国巴洛克时期的作曲家、歌唱家。

[4] 兰伯特：米歇尔·兰伯特（Michel Lambert），法国巴洛克时期的歌唱家、鲁特琴演奏家、作曲家。

[5] 德拉兰德：米歇尔·里夏尔·德拉兰德（Michel Richard Delalande），法国巴洛克时期的作曲家，法国大经文歌最重要的作曲家之一。

[6] 库普兰：弗朗索瓦·库普兰（François Couperin），法国作曲家、键盘乐器演奏家，库普兰音乐家族中最著名的一位，也称"大库普兰"。

[7] 让·吉勒（Jean Gilles）：法国巴洛克时期的作曲家。

[8] 马萨林：朱尔·雷蒙·马萨林（Jules Raymond Mazarin），法国外交家、政治家，接替黎塞留（Richelieu）成了教宗和首相，并执掌朝政、权倾一时。

[9] 贝鲁勒：皮埃尔·德·贝鲁勒（Pierre de Bérulle），法国政治家、教宗，法国奥拉托利会（Société de l'Oratoire）的创立者。

[10] 圣西朗（Saint-Cyran）：法国天主教教士、神学家，在法国传播冉森教派教义。

[11] 埃斯普利: 雅克·埃斯普利（Jacques Esprit），法国伦理学家、文人。

[12] 勒南（Le Nain）：法国十七世纪初有同为画家的勒南三兄弟，此处应指最小的弟弟马修·勒南（Mathieu Le Nain），两位哥哥名声刚起不久便去世，马修成了其中名望最高的一位。

[13] 路易·拉辛（Louis Racine）：法国诗人，法国剧作家让·拉辛（Jean Racine）之子。

14 让·德·拉封丹（Jean de La Fontaine）：法国古典文学的代表作家之一，著有《拉封丹寓言》。
15 巴录（Baruch）：耶肋米亚的忠实信徒、同伴和文书。

第三章

《圣母的教育》,约 1650 年

拉图尔是文艺复兴时期最后的天才之一。他反对当时的绘画；反对武埃[1]那耽于肉欲、衣衫褶皱的巴洛克风格；反对普桑[2]那充满困惑的人文古典主义。凝视画作对他来说有一层古老的含义：在痛苦的人像前祷告。

他的每一幅画作都是对十字架的变形，那个周六之夜钉着上帝的十字架。

在我看来，确立冉森教派巴洛克风格的人是乔治·德·拉图尔，而不是菲利普·德·尚帕涅[3]。

他借鉴了昂瑟斯特[4]遮挡光源的技巧，用了一块铁板、一只手、一个人物、一颗头颅。

他呈现了哥特风格的伟大人像。

构思精巧的场面浓缩了极简的情景，成了一个捉摸不透的画谜。这种创作占幅很满，碰到了画框的边缘，带来视觉上的力量，像目光一样往上抬。而画面变成一个陷阱，观众也许会和画家一样落入其中。

一次诞生、两个人的对话、一个做梦的女人，通过这些描绘，作画的人和欣赏的人成了同一人。

正是在这个意义上，这些静物画也是熄灯礼拜经；弗朗索瓦·库普兰也在寻找的正是这种作为十七世纪宗教的"直接交流"；皮埃尔·尼古拉[5]说虔诚的人像如影如幻，应当是精神祷告，与上帝的关系牢不可破。

"真安静啊！"贝尼尼[6]看到人们向他展示的普桑画作时感叹道。

在拉图尔面前，语言自身也处于夜晚。寂静成了寂静的苦难。这是最终的寂静。

第三章

注释：

[1] 武埃：西蒙·武埃（Simon Vouet），法国画家。
[2] 普桑：尼古拉·普桑（Nicolas Poussin），法国画家。
[3] 菲利普·德·尚帕涅（Philippe de Champaigne）：法国古典主义画家、雕刻家。
[4] 昂瑟斯特：赫里特·凡·昂瑟斯特（Gerrit van Honthorst），荷兰肖像画家。
[5] 皮埃尔·尼古拉（Pierre Nicole）：法国神学家、伦理学家、逻辑学家、宗教辩论家，冉森教派重要作家之一。
[6] 贝尼尼：吉安·洛伦佐·贝尼尼（Gian Lorenzo Bernini），意大利雕塑家、建筑家、画家，被视为另一个米开朗琪罗，其代表作有雕塑作品《大卫》等。

第四章

《油灯前的抹大拉》,1640—1645年

《照镜子的抹大拉》,约 1640 年

一个冬日里，有个名叫让的面包师双手抱着自己的儿子。塞耶河上结了冰。1593年3月14日，洗礼堂周围站着让·德·拉图尔、他的妻子西比尔·莫利安（Sibylle Molian）、面包师的孙女、维克磨坊主的妻子，还有缝纫用品商。有七个孩子。乔治·德·拉图尔是第二个。他们生活在塞耶河畔一座靠着教堂的小房子里。这个家里主要讲法语，也讲一点德语。

我们不知道他都跟谁学过艺，也不知道他游历过哪里。

他跟弗朗索瓦·库普兰、皮埃尔·尼古拉、

雅克·埃斯普利一样，很快就被遗忘了。

乔治·德·拉图尔的画没有确定的题目。除了本子上有一页标注了：《圣亚列克西斯之像》（« Image saint Alexis »）。是查尔斯·斯特林[1]提议把乔治·德·拉图尔的两幅画分别称作《油灯前的抹大拉[2]》（« Madeleine à la veilleuse »）和《照镜子的抹大拉》（« Madeleine au miroir »）。保罗·雅莫[3]评价了《照镜子的抹大拉》，指出这幅画大胆地使用了大面积的黑色，这占据了画面的整个下半部。光亮只集中在至高处，集中在脸庞、胸脯、踌躇的手和修长的手指上，手指轻轻触碰着死人头颅，在摸索中努力辨认。

这颗头颅遮住了光线。

火舌在这个身上附着七个魔鬼的女人的气息中轻轻摇曳，她在一颗空空的头颅前叹息，而这颗头颅是我们思想的宿命。

保罗·雅莫对《油灯前的抹大拉》的构思提出了异议，认为光线应该打在抹大拉的双腿上。"这双裸露的腿并不让人觉得幸福。"的确，这

第四章

双腿既不性感也没有魅力,却局促、瘦削、怪异、淳朴。雅克·埃斯普利写道,谦虚是一种"被美化的吝啬"。这是一种"节俭的奢华"。这幅画安安静静的,普通的物体在其中使劲变得再普通不过。乔治·德·拉图尔想把传统的金色卷曲披发换成光滑的黑色长发。忏悔者通常会掉落的眼泪没有流淌在她的脸颊上。这不是一位后悔的维纳斯,而是一个庄重的女人,她的身体感受过欢愉,此刻她在思考。这个诱惑者不再看我们——我们,男人们,也没有直接去看死者的头颅。她在看镜像。她的镜像不是她的影像。整个面庞都是死亡的洞穴。另一个世界在那里,在镜子的黑暗之水里,这镜子被勾勒出来,像是通往另一个世界的大门。

抹大拉期待看到自己的鼻子和眼睛,可那里是亡者的世界,还有亡者世界里的寂静。

注释：

[1] 查尔斯·斯特林（Charles Sterling）：法国艺术史学家。
[2] 抹大拉（Madeleine）：抹大拉的玛利亚，《圣经》中多次提及，耶稣的追随者之一，也是目击耶稣复活并传递这一福音给其他使徒的第一人。
[3] 保罗·雅莫（Paul Jamot）：法国画家、艺术批评家。

第五章

《火炭旁的姑娘》,约 1646—1648 年

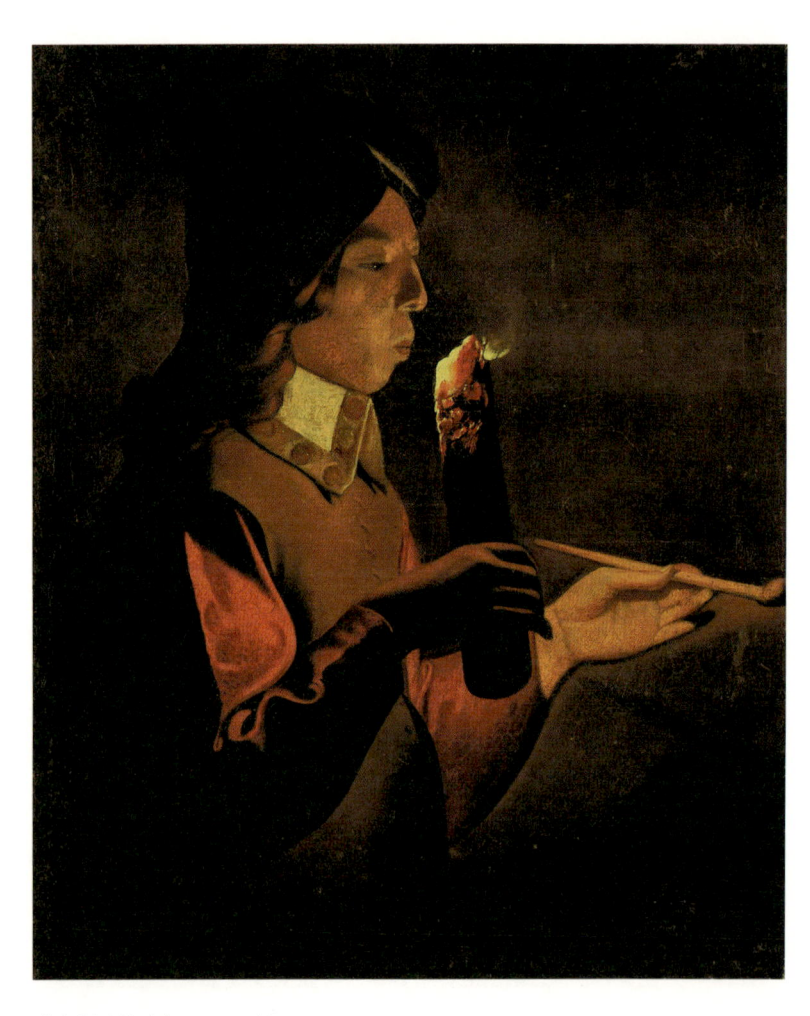

《吹烟斗的人》，1646 年

乔治·德·拉图尔画的所有人物都是静止不动的，一部分在自身所处的暗夜里，一部分被微光照亮。他们出现在暗处，被一段微光触碰，保持着一种悬在半空的莫名姿势。这些身体俯视着，获得了偶像般的身高。他们披着的衣物材质和色彩极为有限，突出了他们的形象。建构这些画面和占据画面的身体，就是在造一个构架，或是一间阁楼、一处洞窟、一眼墓穴，它们主动去贴近画面的边缘。大片浑然一体的均匀色调分布在画面上。夜色笼罩着人与物，那姿态静止不动，近乎僵硬，像是要变成几何图案。

这不同寻常的单色是因为有那道微光。

最谦卑的身体变成了纪念雕像，让人想起众神的模样。细节死去了：被死亡的下颌与阴影吞噬。一切都变得越来越庄重，一切都变得越来越单一。夜色让我们简单起来。寂静和时光在采集着什么。

唯一的光源统一了画面。

不能说是蜡烛在看，其实是它让自身得以展现的地方变得可见。

无法假定蜡烛照亮的那些人物知道自己能被看见。他们没有去看光亮，没有去看自己，也没有去看物体。在乔治·德·拉图尔的画里，光亮在身体不知情的情况下展现出自己在展现事物。人们撞见他们在恍惚；撞见他们在惊愕，或者在失眠，或许是因为疲倦；撞见他们在专心致志地用指甲碾压一只跳蚤或者一只虱子；撞见他们吹火苗的那一刻，或是吹烟嘴的那一刻，或是吹指间麦秆的那一刻。

他们没有跟看着自己的人交流。

第五章

他们没有去看照亮自己的微光,不知道微光照亮了自己。有一种存在吸引着他们。他们并不与我们的生命同在。当我们是他人,当我们不再出场时,他们就会是我们的生命;当我们脱去衣衫想躺下时,一种空洞的梦幻、一种自我的回归在我们身上阻止了我们。

我们看到睡去的这个人是被爱着的。

我们有时候会感到孤独突然在呼唤。甚至爱情生活也会突如其来地带来对孤独的渴望,迅猛而令人惶恐。

想重回独处,想当无人在侧时做些姿势。想让面部放松、摘下面孔。说真的,有时只是想泡个澡或者剪个指甲。这一两个小时间的想法是在垂涎隐居生活。想在寂静中涤荡心灵。在寂静中跟自己低声私语,说自己的懒惰、恐惧和空虚,像个老小孩一样用肥皂清洗自己。

第六章

失眠的时候，起身，想喝杯水，在昏暗的房间里游荡，坐下来，点上一支烟，想起我们进不去的沉睡世界——有时候会想起还没有到来的白天。

不会想到，有那么一刻，炭火和火柴之焰在将我们照亮。

也可能，我们准备再次起身，想要回到床上，担心即将到来的白天，担心即将到来的光亮，可它没有来，也不会来，而此时，有些人被失眠扣住了，到不了梦里，到不了白天，对他们来说，黎明遥不可及，而我们所在的房间里弥漫着这些画作的寂静。

我们在自己的生命面前沉默了。

我们寻找着自己的故事,却不知道那是一个怎样的故事,面对着它的缺席,我们沉默了。占据这些画面的所有人物都在他们各自的故事面前沉默着。童年耶稣是一个等待着自己故事的小男孩。小玛利亚等待着自己的故事,在这个故事面前沉默着。彼得在自己的背叛面前沉默着。抹大拉做了忏悔;回忆过去;与享乐的幽灵们永别;不断与前来探访自己的姿势和幻象告别。她对自己的双膝说:

> 永别了,我的膝盖,你们再也感受不到一个孩子的双手了,他紧紧抓住你们身上突起的两块骨头,他爬上来、待在这儿、接受着轻轻的摇晃。
>
> 永别了,我的大腿,你们再也不会紧紧夹着在欢愉中颤抖的男人的腰。你们成了没用的包裹。

第六章

永别了，我的双手，你们再也不会去切蔬菜，再也不会去剥果皮，再也不会去摘下生菜的叶子，再也不会去做饭，再也不会去揉搓床单。你们再也不会去清洗主满是尘土的双脚。你们再也不会在夜里含情脉脉地伸进一个呻吟男人的指间。你们再也不会缠绕着那个高大身躯的脖子，他转过身，在黑暗中朝你们伸来嘴唇。

永别了，我的肚子，你再也感受不到男人们坚硬的尾巴；你再也体验不到生孩子了。

永别了，我的乳房，婴儿们还没出牙的嘴不会再来吮吸你们了；男人们带来刺激的厚唇再也不会让你们挺立、微微颤抖。

第七章

《争吵的音乐家们》，1625—1630 年

《付钱》,1618—1627 年

冉森教派、反宗教改革运动，比起导致它们出现的信仰和战争来说，是在更为普遍的心态下发生的。

这些时期里，在意大利、英格兰、西班牙和法国诞生的作品拥有比它们的时代、比那唯一的古典主义学说更广阔的命运。

因为它们的根基是面对死亡的惊愕，因为它们是为了这惊愕去描绘，而不是为了给这惊愕赎罪的神。因为时间、抛弃、害怕、性欲、死亡组成了一个神圣家族，这个家族毫无仁慈，永无止息地支配着人们。

雅克·埃斯普利于1611年10月23日出生在贝济耶。他拥有十七世纪最美丽的文笔之一，和这个世纪初的拉图尔一样鲜为人知。埃斯普利附庸于首席大法官塞吉埃[1]和德·拉瓦尔夫人[2]。在投石党运动期间，他紧跟隆格维尔公爵夫人[3]左右。他跟随着公爵夫人于一六四九年来到明斯特。他常患偏头痛，疼得发了疯。他在奥拉托利会接受治疗，在这里遇到了孔蒂公爵[4]。后来，他娶了妻，让妻子怀了三次孕，妻子对此有所怨言。他于1678年7月6日在贝济耶咽了气，当时他终于出版了自己的书，也就是两卷《人道的虚伪》（*Fausseté des vertus humaines*）。

他觉悟了一切。

他所辩护的论题既简单又基本。拉罗什富科[5]和冉森教派的人一样赞扬他、受他启发。有多少个人，就有多少道难以破解的谜题。我们迷失在自己做出的评论里。我们提出的最有利的假设是最有失公允的。在人类这里，所有美德都比已经实施的罪行更为居心叵测。理性、仁慈、正义、爱、虔诚、宽厚，这些都称不上思想之源，虽然看似如此。它们中的任何一个都不是自愿高尚的。精神总是因其最谦逊的功用而比身体粗俗得多。一种地狱般的昏睡窥伺着我们。原罪的苦难在我们身上堕落了一切。因为我们身上有腐烂之根和源初之夜，我们的本性也就一直都是两面的。人类被自己的意义头纱所蒙蔽，只能觉察到自身真实欲望的影子，匆忙跟着阳光和火焰留在物品和身体之后的变幻阴影。我们是上帝的敌人，是忘恩负义的叛逆孩子，只能期待他的宽恕，如果他会屈尊将目光停留在我们身上的话。虽然上帝赏罚分明，但是什么都无法向我们保证他心存怜悯，而且我们需要自己去关心，来得到一种徒劳的慰藉，夜里，我们在摸索中游荡，行走在不存在的两个深渊之间。

注释：

[1] 塞吉埃（Pierre Séguier）：法国政治家、法官。

[2] 德·拉瓦尔夫人（Madame de Laval）：为萨布勒侯爵夫人（Marquise de Sablé），本名玛德莱娜·德·苏弗勒（Madeleine de Souvré），法国文人。

[3] 隆格维尔公爵夫人（Duchesse de Longueville）：本名安娜－热纳维耶芙·德·波旁(Anne-Geneviève de Bourbon)，孔代亲王（Prince de Condé）亨利二世·德·波旁的独女。

[4] 孔蒂公爵（duc de Conti）：指阿尔芒·德·波旁（Armand de Bourbon），亨利二世·德·波旁的小儿子，其真实身份为孔蒂亲王（prince de Conti）。

[5] 拉罗什富科：弗朗索瓦·德·拉罗什富科（François de La Rochefoucauld），指第二位拉罗什福科公爵、弗朗索瓦六世、马尔西拉克亲王（prince de Marcillac），法国作家、伦理学家、回忆录作家、军人，著有《箴言集》（« Maximes »）。

第八章

《多马》，约 1620 年

《施洗约翰》,约 1651 年

拉图尔的画是谜一般的图。谜,就是让人去听,却不言一语。这个世界是有两面的。圣十字若望[1]相信"无"的学说:《攀登加尔默罗山》(*Montée du Carmel*)遭到了接连的否定,于是我们一点点地走进了"暗夜"。

圣女特蕾莎[2]说抹大拉发现上帝的时候没有隐居。真是一个遗憾接着一个遗憾。

圣十字若望反复跟神父们说:"暗得彻底的暗夜是唯一一个灵魂能够感受到的黎明。"

逸比氏的若望,也就是十字若望,在哈恩省的乌韦达去世了,那天是1591年12月14日,去世的时候是半夜，最昏暗的时分，终年四十九岁。他的书最早于1618年在阿尔卡拉出版。只有《心灵的赞歌》（*Cantique spirituel*）于他逝世后的1662年[3]在巴黎首次出版，由勒内·高缇耶（René Gaultier）翻译成法文。十字若望的全集于1630年在马德里首次出版。十字若望在1675年被列入真福品[4]。

乔治·德·拉图尔挑选了最平凡的日常生活，将它没入夜晚，更显平凡，给它披上这种独特的"崇高反射"，也就是光泽、一层光亮。

是祝圣光晕和光环的来源。

他听从卡拉瓦乔[5]的教诲。

他舍弃了环绕诸神诸圣头部的所有光晕，用一支蜡烛的反光取而代之。

十字若望关于"无"的学说为劝人简朴而说道："平等地去爱所有人、忘记所有人，无论他们是不是自己的亲人，还要把心思从亲人身上剥离，否则血肉会因本能的情感而躁动不安。始终把所有人都当作外人。不要再特别地爱着某个人。那是一些欺骗之像。"

第八章

十字若望的父母是织帽子的。收入捉襟见肘。若望的哥哥逸比氏的弗朗西斯科是织绸缎帽子的，说他们常吃大麦面包，小麦面包吃得不多，就算是大麦面包，吃得也少。他们还小的时候就乞讨了，因为父亲去世了。

逸比氏的弗朗西斯科说他们只有两根蜡烛：若望晚上看书的时候窝在木柴堆里，就着唯一一根蜡烛的微光。他少年时期尝试过去当雕刻工和油漆工，但是没有被收为学徒。现存一些十字若望画的死去的基督和加尔默罗山：

> 如要抵达你不知道的地方
> 就须途径你不知道的地方。

他穿上栗色的衣服和加尔默罗会修士的白色长外套时，还在写着英雄般的诗句。他把一只大木箱当床用，箱子里没有放床垫。一根木柴就是他的枕头。

在圣安德肋修会学校的单室里，神父们见他

像圣亚历克西斯[6]躺在楼梯下的木板上一样睡了一个季度，只穿着用鸡窝里的草铺编成的衬裤，打结处满是血迹。

他在自己的单室里用两根橡树枝和一颗头颅做了一个十字架。

在陀列多隐修院的禁闭室里，他写下了四部伟大的传世之作：《攀登加尔默罗山》、《心灵的暗夜》（Nuit obscure）《心灵的赞歌》和《爱的火焰》（Flamme d'amour），写在了让·德·圣·马里神父（frère Jean de sainte Marie）给他带去的小纸片上：

暗夜里
你身藏何处？
我熟知那涌出的泉水……

午餐后休息时，神父们脱去鞋子，唱着《暗夜》里的诗歌。他在单室里时常投入得精神恍惚，莫里斯神父（frère Maurice）守在他身旁，直到他神志清醒，因为他刚恢复意识的时候像个幼童

第八章

一样茫然不知所措。

　　而他在休息的时候如果没有痴狂，就会做小柳条筐来打发时间，或者用一把柳叶刀在木头上刻画。

注释：

[1] 圣十字若望（Saint Jean de la Croix）：加尔默罗会教士、西班牙神秘学家、教会圣师，被称为"改革者""加尔默罗会的圣人"。

[2] 圣女特蕾莎（Sainte Thérèse）：十六世纪西班牙加尔默罗会修女阿维拉的特蕾莎（Thérèse d'Avila）、教会圣师，被称为"耶稣的特蕾莎"，是基督教重要的精神象征人物。

[3] 原文为1622年，疑为错误。

[4] 真福品：列入真福（品、级），为宗教概念，指教宗准许某一特定地区、国家、教区或修会团体，以真福之名，并以公众敬礼方式来荣耀某位圣德非凡、荣升天国（或为主殉道）的人。

[5] 卡拉瓦乔（Caravaggio）：意大利画家，代表作有《施洗约翰》等。

[6] 圣亚历克西斯（Saint Alexis）：基督教圣徒。

第九章

《单室里的两位修士》,1640—1645 年

乔治·德·拉图尔画的所有作品，一个接一个地简朴、无题，因而晦涩。

蒙斯博物馆里的那幅画被题名为《在垂死修士身旁祷告的修士》（« Moine en prière près d'un moine mourant »）。后来，这幅画被命名为《单室里的两位修士》（« Deux moines dans une cellule »）。我觉得那画的是赤脚圣人、格拉纳达加尔默罗会修士的院长，他在上帝身侧，而莫里斯神父在守夜。

查尔斯·斯特林是这样理解这幅画的：一块板子遮住了火焰。一位修士的面孔已经因另一个世界而抽搐，手里捧着一颗头颅，垂危之时有同宗派的院长陪伴。

保罗·雅莫是这样理解这幅画的：一块板子遮住了火焰。圣方济各[1]在思考死亡的时候心醉神迷。真福改变了面貌、扭曲了身形。一位神父在他精神被劫持的时候陪伴着他：他停下了正在给弗朗索瓦上的宗教经典阅读课。他举着合起的双手，感谢上帝施恩于这位天使般的神父。这幅画也许可以叫作《中断的阅读》(« La lecture interrompue »)。

弗朗索瓦-乔治斯·帕里塞[1]说拉图尔的作品是最不可能自发而成的。他甚至用了拉图尔的用语"冥想之地"。圣方济各眼帘低垂。这位圣人被"掠劫"了。这是上帝在突然而彻底地入侵。一个沉默的人像倾听着被神秘主义者称为"天使合唱"的声音。乔治·德·拉图尔有可能通过维克检察官看过圣方济各和圣若望的作品。

这幅画也许可以叫作《天使般的圣方济各》(« Saint François aux anges »)或者《自诩为金翅鸟的圣若望》(« Saint Jean se prend pour un chardonneret »)。

第九章

注释：

[1] 圣方济各（Saint François d'Assise）：意大利天主教修士、小兄弟会建立者，基督教史上最伟大的圣徒之一，死后被誉为"另一个基督"（Alter Christus）。

[2] 弗朗索瓦－乔治斯·帕里塞（François-Georges Pariset）：法国艺术史学家，拉图尔画作研究专家。

第十章

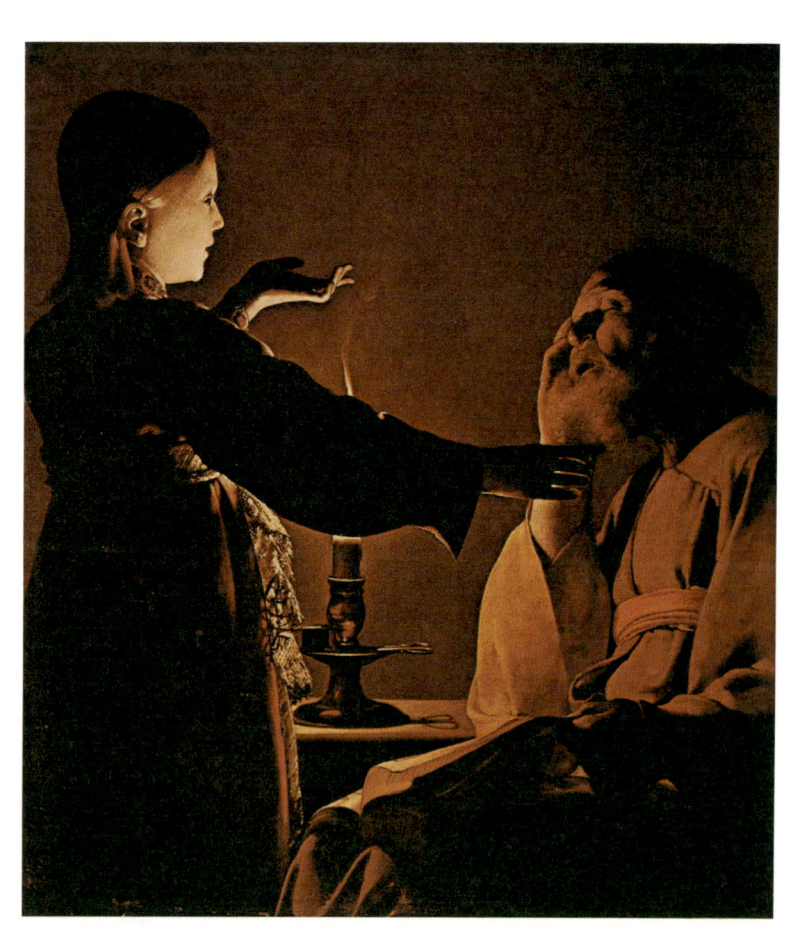

《圣若瑟之梦》，1640—1645 年

我们称之为《圣若瑟之梦》(« Songe de saint Joseph »)的画更是神秘。

一张桌子隔开了一个孩子和一位老人。

桌上摆着一座红铜蜡烛台。

在左侧,孩子站着,他举起左手,伸直了右胳膊。

在右侧,老人胳膊肘撑在桌子上,膝盖上摊开一本书,睡着了。

孩子面色煞白,性别难辨,穿着褐色的衣服。脖子上的饰带是玫瑰红的,腰带是黄色的。

孩子在夜里突然出现,也许他只是一个梦。

伸出去的那只手还没有碰到老人的手腕。奇怪的是,这只手没有在熟睡者的胸脯上留下影子。魂魄是可以辨认出来的,因为他们的身体消失了,无法在物体上留下影子。

一个疲惫的人在读书,也许陷入了沉思,也许沉浸在梦里,也许晕厥了,也许睡着了。那个身影可能是魂魄,也可能是天使或者孩子,他朝老人的身后望去。他张着嘴:也许在说话。保罗·雅莫觉得这是在拯救圣彼得的天使。

要服从自己的梦,要顺从,不要试图在梦里做决定。如果不做决定,我们就会在白天急着要全身心地去重新体验梦境。

跟若瑟有关的三个夜晚在《玛窦[1]福音》里。梦中有个天使命令若瑟娶玛利亚为妻,命令他把这个妻子所生的孩子取名为耶稣。梦中有个天使命令若瑟起床,带着耶稣、玛利亚、驴子和灯笼,连夜逃到埃及。梦中有个天使告诉若瑟大希律王死了,告诉他可以带着家眷回到祖国以色列了。也许其中一个梦就是这幅画。但是我们在哪里能看到若瑟读书呢?

或许这是玛窦自己:他在倾听向自己耳语上帝之言的天使,这些话成了他的福音书。他的手带着膝盖上的书。

注释：

[1] 玛窦（Matthieu）：耶稣的十二使徒之一，撰写了《圣经·新约》卷的四大福音书之一。

第十一章

《胡子老人像》,年份不详

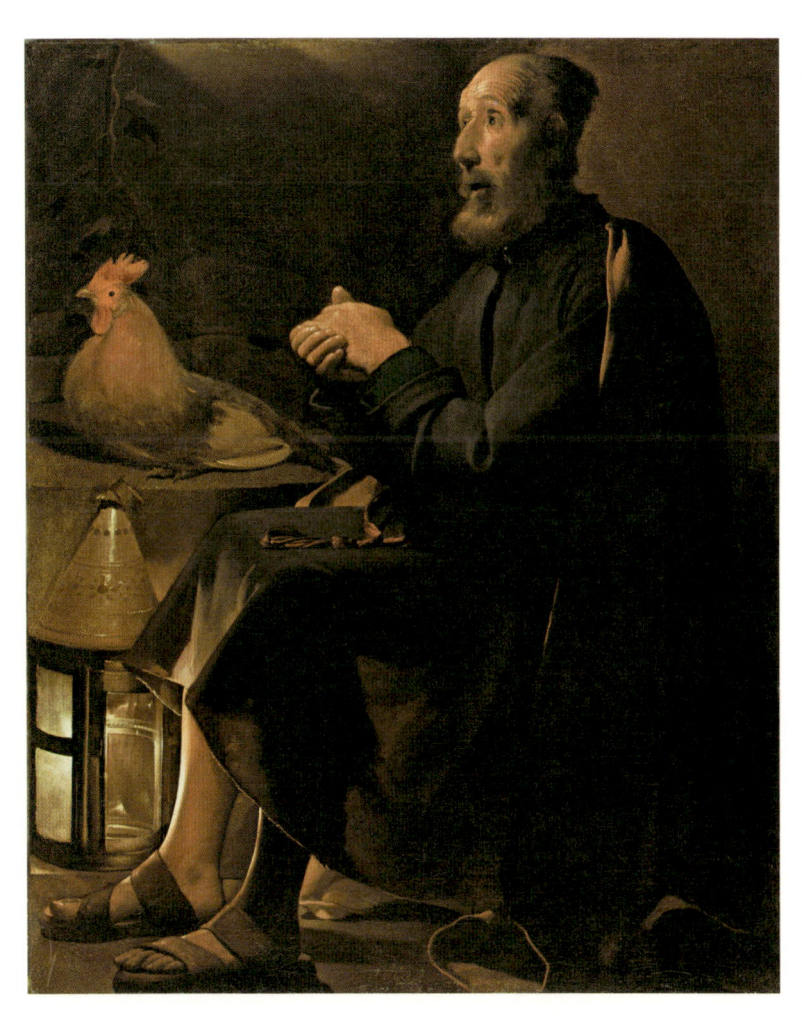

《圣彼得的眼泪》，1645年

《读信的圣哲罗姆》，1627—1629 年

这位大师掌控着夜晚。这位大师掌控着转向内部的目光。这位大师眼帘低垂。他富有了起来。德·拉·菲尔蒂公爵[1]喜欢他：他拥有了六个夜晚。路易十三欣赏他。多姆·卡尔梅[2]记载道，乔治·德·拉图尔那天向国王呈现了"一幅画，用他自己的方式描绘了夜晚中的圣塞巴斯蒂安，这幅作品堪称完美，国王撤走了自己房间里所有的画作，只留下了这一幅"。勒·诺特尔[3]、朗贝维莱[4]、卢福瓦[5]收藏他的画。阿尔丰斯·德·朗贝维莱于1560年出生在图尔，和路易十三的掌玺大臣纪尧姆·杜·韦尔（Guillaume du Vair）的兄弟一起在图卢兹上过学。他是维克辖区的检察官。这是个文艺复兴式的人、人文主义者、充满好奇的人、古董爱好者、收藏家。他喜欢洛林公国的画,为此建造了一座顶级奢华的陈列馆。他喜欢诗歌中的宗教诗、画作中的夜晚、石材中的古式珐琅,他喜欢这些胜过世上所有其他东西。他跟佩雷斯克[7]交换作品。佩雷斯克是通过塞巴斯蒂安·克拉穆瓦西[8]购买卡洛作品的。阿尔丰斯·德·朗贝维莱说他"为作画而生",也喜欢购买拉图尔的作品。路易十三没有把亨利四世承诺的报酬给他,于是他在余生里久久地书写着自己的抱怨,抱怨国王失信:"我将回归自我,可悲啊,文人们耕耘着贫瘠不堪的田地。"这封信标注的日期是1621年3月27日,写于维克。

在《圣里维尔》这本书中,他提到"一切事物的悲哀面",这一面显现在火焰里和由火灾引起的悲痛之情里。要从先知耶肋米亚[8]和熄灯礼拜上哀歌的角度来理解朗贝维莱笔下的"悲哀"一词。他又说:"当然,虽然生活里有很多例子,

第十一章

但是没有一个令人动容。"德·朗贝维莱先生成了拉图尔先生的保护人。1617年7月2日,他见证了拉图尔与狄安娜·勒·奈尔夫(Diane Le Nerf)的婚礼。

拉图尔的画作献给了事物的这种"悲哀面",让它们在生活场景中一览无余。

他悲惨,富有,闻名于世。

嘉布遣会的修士们购买他的画作。

圣十字若望的最小兄弟会修士们和加尔默罗会修女们住在梅斯、雷恩、维克和吕内维尔,垂涎着他的画作。在吕内维尔,他几乎就是一位领主。五十二岁的时候,他养了一个猎犬群,还去围猎。1646年,吕内维尔的居民们向洛林公爵提出诉求,抗议这个画家拥有"吕内维尔三分之一的牲畜":"大家觉得画家乔治·德·拉图尔先生行径恶劣,因为他养了那么多条狗,有猎兔狗也有长毛垂耳狗,好像他是我们那儿的领主似的,那些狗把野兔赶到了谷堆里;他这是在破坏、糟蹋。"

注释：

[1] 德·拉·菲尔蒂公爵（Le duc de La Ferté）：指亨利二世·德·拉·菲尔蒂－塞纳戴尔公爵（Henri II, duc de La Ferté-Senneterre），法国军官、洛林总督。

[2] 多姆·卡尔梅（Dom Calmet）：本名奥古斯丁·卡尔梅（Augustin Calmet），法国《圣经》注解者、学者。

[3] 勒·诺特尔：安德烈·勒·诺特尔（André Le Nôtre），路易十四的园林设计师，凡尔赛宫园林设计者。

[4] 朗贝维莱：阿尔丰斯·德·朗贝维莱（Alphonse de Rambervillers），拉图尔的表亲，法国神秘主义诗人。

[5] 卢福瓦（Louvois）：指弗朗索瓦·米歇尔·勒·泰利埃（François Michel Le Tellier），为卢福瓦侯爵，路易十四的重要大臣之一。

[6] 佩雷斯克：尼古拉-克劳德·法布里·德·佩雷斯克（Nicolas-Claude Fabri de Peiresc），法国巴洛克时期的学者、博学家、科学家、文人、天文学家、古董收藏家，曾为伽利略辩护。

[7] 塞巴斯蒂安·克拉穆瓦西（Sébastien Cramoisy）：法国书商、印刷商，以出版宗教书籍为主，与政界交好。

[8] 耶肋米亚（Jérémie）：《圣经》中记载的先知，《耶肋米亚书》的作者。

第十二章

《木匠圣若瑟》，1642年

圣若瑟在自己的工作室里。这是一个令人窒息的地下室。可能这是拉图尔首选的主要单色。两个人不知道有人在看自己,他们说着话,我们听不到。乔治·德·拉图尔第一次让人有距离感,感到一种永恒的停止。

圣若瑟瘦瘦的,他的身体看起来凹陷了下去,写实得让人看得出刚刚擦肩而过的饥饿又来折磨着他。

捧着烛火的孩子穿着僧侣的木底鞋,膝盖被照得亮亮的,长袍在脖颈处收得紧紧的。拿着蜡烛的那只手上只看得见修长的手指。他的面庞才是真正的亮堂炉灶，他鼓起嘴唇，眼睛睁得大大的，看着比眼前所见更大、更远的东西。

男人的外形充满肉感，宽大的围裙系在腰间，额头上青筋暴露，肌肉凸显，手脚都很宽大。

孩子的眼神满是温柔、毫无恐惧，他注视着。

褐色和青色的物品摆在下方：一堆堆的木头、木槌、钻头、凿子。

钻头和肌肉组合在一起，画面中便竖起了一个十字架。

于是明白了年轻的神在忧郁地做着什么梦。孩子感到在自己身上生长出了神性，就像十字架生长在他父亲的手指间一样。我们可以像梦中那样用文字游戏来命名这个场景：《圣十字之生》。这个孩子身上有一种隐藏的生命，这种生命预示着即将经历的事情，也在孕育着这件事情。木匠的儿子最终只能被钉在木头上。面包师的儿子最终只能画出胭脂红的人像，在夜晚最后几个小时里的炉灶中烘烤。这个孩子还保守着无言王国的秘密,像是童年这个迫不及待的时期抛出了一个谜语,只有最后一口气才能揭晓谜底。

第十三章

《新生儿》,约1645年

贡塞[1]在1900年发掘出了拉图尔，当时他写下了这句名言："高尚的拉封丹每遇到一个人就会问：您读过巴录吗？而我会不厌其烦一遍又一遍对身边的人回答：您知道雷恩博物馆里有一幅怪异而迷人的画吗？画的是一个新生儿。"

在《新生儿》（«Nouveau-né»）中，烛光被抬起的手遮住了。

这只手像是在祝福又像是在护着火焰，它窝了起来，对着一个捆了绑带的神秘小人，而有一天这个小人会死去。小婴儿成了炉灶，他的光亮恰到好处地勾勒出两位朝自己俯身的年轻女性的面庞。

在拉图尔的画中，神没有光环，天使没有翅膀，魂魄没有影子。我们不知道这是一个孩子还是耶稣。或者倒不如说：所有孩子都是耶稣。所有朝自己的新生儿俯下身的女人都是玛利亚，看护着会死去的儿子。

拉图尔描绘出来的不是画，而是像。在罗马，人们把蜡制的头像称作人像，印压着死者的面庞，人们在葬礼期间戴上人像，又把人像摆在教堂前庭的小橱柜里。只有贵族才拥有佩戴人像的权利。祖先是家神。死者面部的印记在我们的噩梦里变成了来来回回的巨人，突然将我们控制。

拉图尔的画作并不是在讲故事：它们在制造寂静，一直窥伺着寂静。它们浓缩了生命。

它们把神秘表现为最日常的事物，也突然使人类境况中的微小元素庄重起来：出生、离别、性爱、抛弃、寂静、恐慌、死亡。

雅克·埃斯普利谈论了有关谦逊的"简要大

第十三章

事记"。可以说那是神圣的日常。整个十七世纪对圣若瑟的膜拜都一直有增无减，神圣的奥秘融进了日复一日的普通表象里。十字若望把若瑟塑造成了光脚修士中的圣人。微光、寂静和夜晚，年纪不详的传奇主人公身上的一切普通之处因它们而神圣起来。它们又因简朴和夜晚的单色而晕染开去。这种晕染因简朴而更显宏伟，因昏暗而更显简朴。

一切都是唯一的，一切都有两面。所有女人都是玛利亚，但死去的是每一个人。从来都不是同一种幸福崩塌在男人和女人分开之时，即便总是永远相似的拥抱联结起了相爱中的男人和女人。从来都不是同一种眼泪在流淌，即便总是同一种抛弃带来同一种痛苦。从来都不是随便某个人在死去，即便长久以来是唯一的那个死亡让我们不得呼吸空气、不得看见光亮。

这幅《新生儿》是对崇敬的逆反。

1640年，在巴黎，尊敬的嘉布遣会神父塞巴斯蒂安·德·桑利（Sébastien de Senlis）出版了一本书，题为《正义的火炬》。在第一卷的第272页，他写下了这些话："看着小婴儿在奶妈的怀里被小襁褓包裹着，你们难道不会觉得看到他们就像看到了因滔天大罪而被捆绑的囚犯吗？他们是幼小的奴隶，父辈的罪孽把他们困在了锁链里。"

安娜侧着脸，如果那是她的话。玛利亚正面朝前，如果那是她的话。修女帽子边缘的红棕色绒毛清晰可见。婴儿没有眉毛，闭着眼睛，鼻子翘起，厚厚的嘴唇微微张开，在呼气或是吸气。这幅画曾经叫作《守夜人》，还有《死去的孩子》。把孩子捆在襁褓里的绳子是洛林的带子。我们不知道这是一个死去的小家伙还是上帝。如果那是安娜，那么她的嘴角有一道苦涩的褶皱。她预见了悲惨的命运。孩子的母亲低垂着眼睛，没有看孩子，却凝视着比怀里的身体更遥远的什么。如果那是玛利亚，那么她在凝视着遥远的受难。嘴唇像是在笑，不寻常地笑，因为痛苦、害怕、年轻、悲伤、自豪。

第十三章

注释：

[1] 贡塞：路易·贡塞（Louis Gonse），法国艺术史学家。

第十四章

小小的死者或是被捆绑的新生儿，像一块发光的面包。童年的印记是烤炉里的火。1600年，一个孩子透过烤炉窄窄的门洞远远地看着、观察着面包在发白的火焰中鼓起、上色。

促使乔治·德·拉图尔专攻夜晚的那件事似乎是和吕内维尔的火灾同时发生的。

吕内维尔附近爆发了三十年战争，洛林地区遭到法国军队的蹂躏，他们点燃城堡、嘲弄教堂、洗劫修道院、焚毁画作。画室和绘有白天景象的画作在火光中消亡。这是1638年9月的证词："当时点了火，城里和城堡里都有火，黑漆漆的夜里，火光冲天，都能在从吕内维尔到安维尔的小山坡上看书。"

可以借着法国人点起的火焰之光来看书。

悲痛难以言表。

荆棘和牲畜遍布在废弃的村庄里。狼群刨出了尸体。让·德·里尼维尔[1]记录了吃人事件。也许吕内维尔的火灾让童年时期滋养的烤炉之火重新适应了自己的悲惨燃烧。我们不知道拉图尔做了什么，也不知道他去了哪里。瘟疫屠杀了城市。我们知道的是，在他位于吕内维尔的房子里，一个面色发紫的仆人和一个学徒死于这场瘟疫。

1646年的请愿书控诉了一个粗暴又自傲的男人。毫不仁慈。1648年，他跟一个警察打了起来。后来用棍子打了一个名叫弗洛朗·路伊的农民，打得对方状况凄惨。这里需要再次援引雅克·埃斯普利的话："如果我们真的了解这个人的状态，如果我们知道他盲目而狂热地爱着自己，知道这种爱令他暴躁、孤僻、丧失人性，那么在了解到这些情况之后,我们就不会因为没有将温柔表现为美德而心有不安。"所有创作者都是暴躁的。一百年后的巴赫和拉莫正是如此,他们两个都不让自己携带佩剑,因为担心杀害的欲望突然将自己擒住。

1648年,玛利亚去世了。

六个孩子,只剩下两个女儿和一个儿子,也就是克里斯蒂娜、克劳德和埃蒂安。

注释：

[1] 让·德·里尼维尔（Jean de Ligniville）：法国骑士、贝伊伯爵。

第十五章

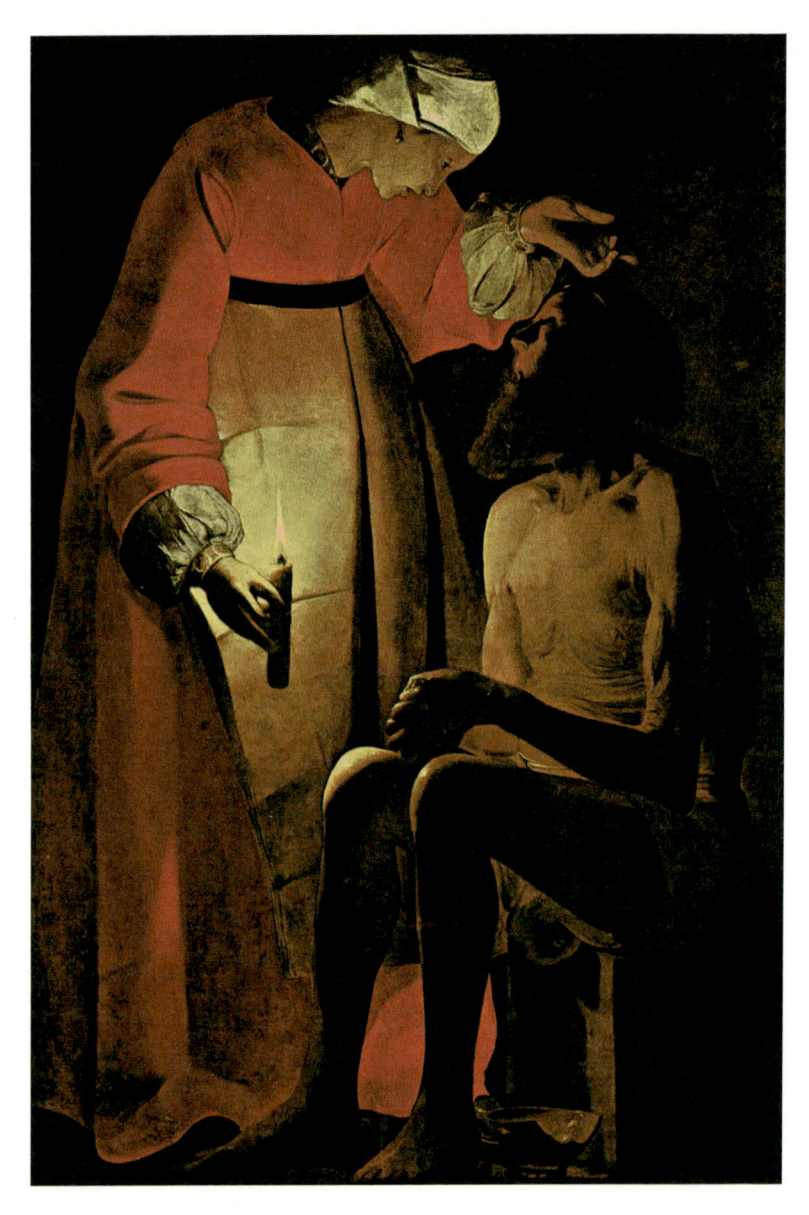

《被妻子嘲弄的约伯》，1620—1650年

在埃皮纳勒，我们看到一幅叫作《约伯》的人像。我们也把它叫作《被妻子嘲弄的约伯》[1]。这个标题还根本没有确定。也许有另一个场景与之相关。乌斯的约伯既虔诚也幸福。魔鬼想试探他能否一直如此。"如果这个爱着你的人感到痛苦，"魔鬼对上帝说，"那么他对你的崇敬之情会更加无私。"于是耶和华把约伯交给了撒旦。他的牲畜都死了。他的孩子们都死了。他的财富消融了，像碰到烛芯的蜡一样。

然而，约伯忍耐着承受了一切。

妻子受不了他这么忍耐地承受一切，整日整

夜地和他吵架。她对他说："别忍了！去他妈的上帝，去死吧！"

约伯的妻子形象庞大，她弯着腰，像幻觉一样沉没在夜里。是塞壬，或是底比斯的斯芬克斯。

她像是哲学女神，在波爱修斯的梦中浮在床的上方，安慰受到惊吓的他。

这是一个腹部无垠的高大母亲。

她穿着红色连衣裙，系着上了浆、刚刚熨过的本色围裙，戴着白色的袖套，立着白色的衣领，裹着白色的头巾。

衣衫宽大，头撞到了画面的边缘、低垂下来，让这具身体有了超出常人的特征。

鼻孔像是被夹住了，嘴巴示以轻蔑，手在一个劲地将指头展开又折起，指指点点。四目相对。这是一场没完没了的冲突：一个居高临下的女神和一个受辱的病中男人。

注释：

[1] 《被妻子嘲弄的约伯》：原名 « Job querellé par sa femme »，但通常这幅画被称为 « Job raillé par sa femme » 或者 « Le Prisonnier »。

第十六章

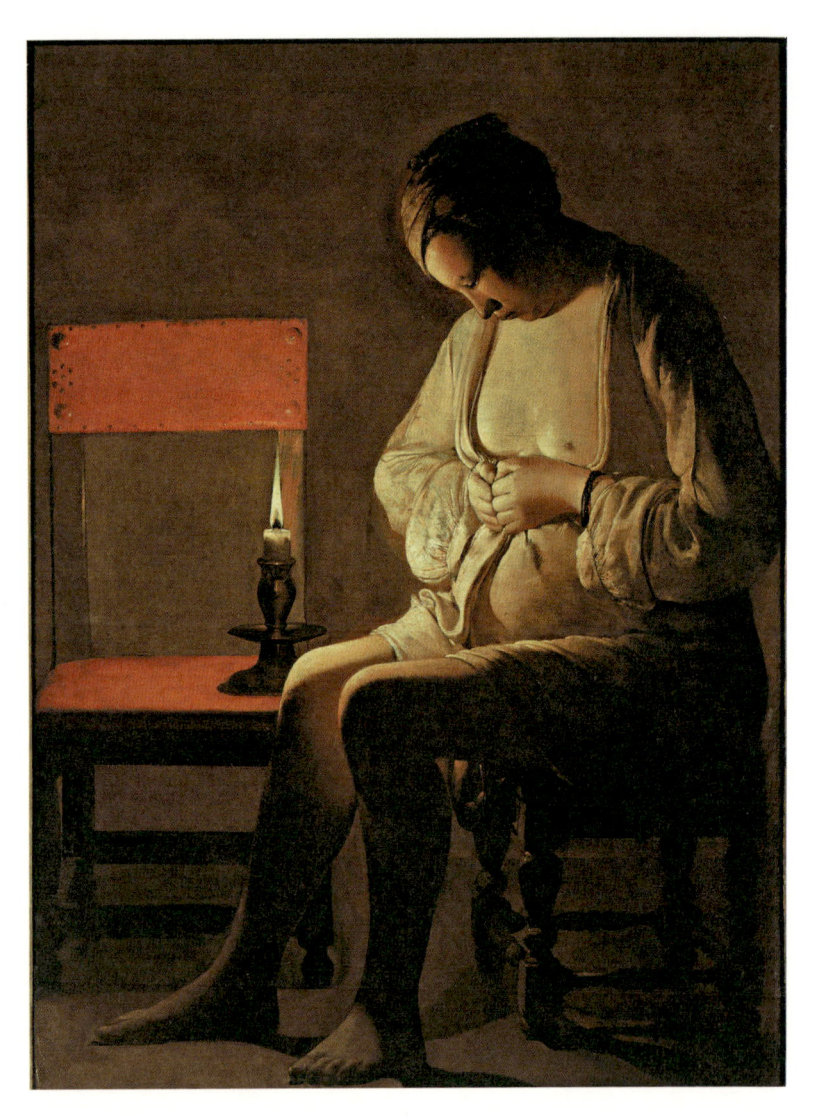

《捉跳蚤的女人》,1632—1635 年

一个半裸的女人在指间碾压着一只跳蚤。

她碾压的是世界。

我觉得乔治·德·拉图尔跟在熄灯礼拜圣周里去听耶肋米亚哀歌和那毁灭性练声曲的信徒一样，想到了先知耶肋米亚的诗句："我望向整个大地，根本没有看到庞大的东西，原来大地上空无一物，什么都看不到。"

这幅画一向被认为是在亵渎。

题名待定。

人们赋予它三种含义：分娩的痛苦，后悔的女仆，用两根手指碾压虱子或者跳蚤的女人。

一个男人画下自己的样子。他像孩子一样自信地观察着眼前的事物。这种孩子般的自信也是一种沮丧。他痴迷于人的人性；痴迷于将人性具化的身体；痴迷于把人僵化的恐惧；痴迷于人所畏惧的死亡；痴迷于将人照亮的微光。

在十七世纪，人们把我们现在称为"死寂生灵图"的画作称为"缄默画"[1]。它们是静物画。它们沉默不语，连自己的含义也不说。像一只蝴蝶或是一只金龟子在蜡烛上烘烤自己的翅膀，这是一个在给自己捉虱子的女人。我们在寂静里听到了寂静在噼啪作响；一种莫名的关注入侵了观看者；而我们在祷告。

张力，这就是巴洛克。

这就是谜语的模样。

布局简洁，形态嵌入干净利索，色调淳朴，尽显古典——但是没有反衬之物支撑着它们，也没有因为这种被推至极简的写实手法而显得不真实。

帕斯卡狂热地迷恋着把相反的事物并列在

第十六章

一起。

拉图尔把它们一动不动地置于淡红色的安静里。

一幅又一幅,像雅克·埃斯普利的《人道的虚伪》一样,扰乱道德的世俗利益和淫欲被赤裸裸地展现,向另一个世界献祭。

拉图尔不画风景、天空、水、云朵。我们不必成为上帝就能伟大。我们不必有黄金、美丽、服饰就能得到爱:只须对死亡深处怀有一丝欲望。

乔治·德·拉图尔的画作背景不是黑色、褐色或珠灰色的,而是"我们在死去"。

我永远都不会明白为何这个说到底充满女性魅力、年轻而美丽的女人却并不淫荡。这个最私密、最粗俗的场景——像是在看动物园里的黑猩猩或者狒猴——是不可能由弗拉戈纳尔[2]再现的。这个场景对于弗拉戈纳尔来说最为遥不可及。难以领悟的怜悯和庄重从这个捉跳蚤或者捉虱子的女人身上散发出来。这种裸露具有宗教意味,无论其动机如何。阅读、祷告、听一次熄灯礼拜经、凝视夜晚、沉默、扼杀，都是唯一的那个谜语。

第十六章

注释：

[1] 缄默画：peintures coites，"死寂生灵图"的原文为"natures mortes"，通译均为"静物画"，此处为体现原文的含义而采用直译。
[2] 弗拉戈纳尔：让-奥诺雷·弗拉戈纳尔（Jean-Honoré Fragonard），法国画家。

第十七章

1652年初，1月15日，他的妻子去世了。22日，他的仆人去世了。30日，他去世了。

第十八章

《发现圣亚列克西斯》,1648年

欧菲米安[1]是罗马最富有的公民，也是这里的行政长官。他娶了阿格拉埃（Aglaé）。他们有一个儿子，取名为亚列克西斯。新婚之夜，年轻的妻子解开内衣扣子，亚列克西斯遮住了妻子的胸部，建议她守住矜持，又把自己戴的金戒指和腰带交给她，请她保管。

他登上船去了老底嘉。接着去了埃德萨，这是一座叙利亚城市，那里的居民们小心翼翼地保存着一块布，上面印有主的肖像。亚列克西斯分掉了自己所有的布块和衣服，赤条条的，在埃德萨圣玛利亚教堂的门廊下讨起了饭。

十七年之后，他离开埃德萨，在奥斯提亚登岸，来到父亲位于罗马的宫殿。没有人认出他来。父亲给了他施舍。十七年里，他就这样待在自己父母的房子里，无人认出。

他吃的是残羹剩菜。他住在楼梯下。他感到死亡来临时要来一支笔，写下了自己生命中的故事。

阿卡狄乌斯[2]和霍诺里乌斯两位皇帝，还有英诺森教皇[3]，他们在梦里得知有一个上帝般的人物在欧菲米安家里。他们派人前去问宫殿的仆人。一一排除后，调查很快有了结果：只可能是寄宿在楼梯下的那个乞丐。

年轻侍从举着火把，俯身朝向已经因死亡而僵硬的圣人，手里拿着英诺森教皇的信。

这是最被广泛认可的一课。

我感觉年轻侍从摊平了一片纸，来看看他是否还有呼吸：这是罗马人的古老仪式，把一面铜镜放在死者的嘴唇上，呼唤他的名字三次。如果镜子上没有雾气，那么这具尸体就会被投入火中，在此

第十八章

之前，人们会把他的像从灼热的蜡中取出来。

"1648年为德·拉·菲尔蒂先生所作的圣亚列克西斯之像。"借着这唯一一幅含义明确的画，就此结束这组巴洛克式题目待定的人像。

是这位圣人守住了自己生命中的故事。

仆人用一块上了浆的布来确认他气息已绝。

这幅画本身就是一个螺旋楼梯。

圣人当然是贞洁的主角：暗蓝灰的衣领把内衣裹得严严实实，皮带用高傲的铜扣紧紧地守住圣人的贞洁。

举着火把的年轻侍从穿着饰有蓝色带子的淡紫色紧身背心。朱红色的上衣袖子。蓝黑色的紧身长裤。衣领上配有黄色的饰带和橙色的毛边。灰色的无边帽：也许是圣十字若望或者他哥哥逸比氏的弗朗西斯科做的。欧菲米安和妻子来到楼梯下敬仰自己的儿子，发现他已经死了。行政长官欧菲米安伸出手去拿儿子手里的一卷纸，但是抽不出来。这对父母哭泣着。教皇和两位皇帝下令用担架抬着这具尸体前往罗马的圣波尼法爵教堂。那天是罗马历398年8月16日。

　　这个孩子用一小块布玩着生与死的游戏。他不知道自己面前是古代罗马贵族中出现的第一个乞讨僧。他不知道自己面前是个卓越的人物，是个"接受自己隐姓埋名地住在父亲家里的人"。

　　沉默的少年快要流出了泪，他遇见了死亡。

　　乔治·德·拉图尔的儿子不是罗马的亚列克西斯。他放弃了绘画。他成了贵族。他没有抛却贵族身份前去楼梯的阴暗之处。埃蒂安·德·拉图尔（Étienne de La Tour）是变成行政长官欧菲米安的亚列克西斯。他成了吕内维尔行政区的检察官。他没有刻模下父亲的作品。他没有撰写一部关于父亲生平的回忆录。他抹去了平民身份的痕迹和一个艺术家的斑斓过往。

　　火灾和法兰西士兵已经烧毁了他一半以上的画作。埃蒂安·德·拉图尔往这场火里浇上了高贵的油来助燃。在应该总计四五百幅的画作中，剩下二十三幅原创、两幅版画和两封信。要等待司汤达和他的徒弟泰纳[4]前来发现。

第十八章

注释：

[1] 欧菲米安（Euphémien）：古罗马元老院议员。

[2] 阿卡狄乌斯（Arcadius）和霍诺里乌斯（Honorius）：同为最后一位统治统一的罗马帝国的皇帝狄奥多西一世（Theodosius I）之子，哥哥阿卡狄乌斯为东罗马帝国皇帝，弟弟霍诺里乌斯为西罗马帝国皇帝。

[3] 英诺森教皇（le pape Innocent）：指英诺森一世，意大利籍教皇。

[4] 泰纳：伊波利特·泰纳（Hippolyte Taine），法国哲学家、历史学家、法兰西学院院士。

第十九章

《手摇弦琴演奏者》,1620—1625年

我抄录一下埃斯普利的这句话："我永远都不会在死亡中得到慰藉。"在一个一切都走向死亡的世界里，死亡是最深处。正是在这个世界之上立着独自失眠的女人、观看的孩子和融化的蜡。目光和双手、身体、打在身上的光线、覆着身体的色彩、短上衣和木底鞋、手摇弦琴和扑克牌、玻璃杯和书本、向前伸去的手指，它们的美来自死亡。

美是一种烛火，摇曳在悲伤里、金钱里、蔑视里、孤独里、夜晚里。

一口孩子的气息就能弯折了它；一下呼气就

能威胁到它；一阵干脆的风就能熄灭它。

也许手摇弦琴演奏者让我们听到的是："在眼前看到了这幅画的你们啊，你们只是在用视觉见证了一个瞎子的存在。这个看不见你们的人痛苦地叫喊着：你们没有在听他。"

像阿佩尔的门徒一样，拉图尔画了一只飞虫。

一个画中的盲人在唱歌。

或者说，我们看到一个人张着嘴巴、沉默着、头发凌乱又穷困。这主题是"言说的寂静"。是寂静的呐喊。

发光的炉子被放在左侧，就在画的外面。

斗篷灰灰的，白色的下摆发黄了、扯破了，还有褐色的皮鞋、玫瑰红的鞋带。

一只大大的蓝色飞虫停在手摇弦琴上。

是蝴蝶在烛火中自焚。

像刚出生的孩子一样：吸引他们的是光亮的炽热，而不是号叫的痛苦。

对于罗马的异教徒来说，处于至高美德地位

第十九章

的不是欧菲米安的儿子亚列克西斯。穆修斯·斯卡沃拉[1]在神父们的眼中才是展现了至高美德的人：他把手伸进火焰里，却没有显得焦急，他烤着自己的手，好像那是别人的。

我们越是靠近火，就越是凝视着它被精简为一定数量的燃料，而这燃料会在火的烈焰中消散。

让火焰更炽热、火炭更红、光辉更耀眼的东西在燃料上更是成了一种"空无"。正是它在火炉中匆忙前行，以避免"愈发空无"，在抖动着的半透明热气里，火炉像是自身的幻觉一样膨胀着。是这种"愈发空无"在爆裂声中叫喊。是这种"愈发空无"造就了焰心之白，而我们只能在痛苦的号叫中靠近它的面庞。那是上帝。

乔治·德·拉图尔

注释：

[1] 穆修斯·斯卡沃拉（Mucius Scaevola）：罗马共和国早期的年轻英雄。

附录1：拉图尔年表

注释：

[1] 本书的三份附录均为译者王明睿提供。

1593年，乔治·德·拉图尔出生于塞耶河畔维克（Vic-sur-Seille），位于洛林公国（今法国大东部大区的一部分），是梅兹（Metz）主教管辖区的一座市镇。拉图尔是家中第二个儿子，父亲名为让·德·拉图尔（Jean de La Tour），是个面包师，母亲名为西比尔·莫利安（Sibylle Molian）。

1593—1605年，拉图尔在维克度过了童年时期，除了受洗记录，尚未发现有资料记载了这一时期的拉图尔。

1605—1610年，拉图尔的学艺经历尚不清楚，应该在洛林学了艺，很有可能是在南锡，因为那里汇集了众多画家，包括当时著名的洛林画家雅克·贝朗日（Jacques Bellange）和克洛德·伊斯拉埃尔（Claude Israël）。

1613—1616年，可能暂住在意大利或者荷兰。

1616年，回到维克。

洛林大公财政总管的女儿狄安娜·勒·奈尔夫来到维克。

雅克·贝朗日去世，他可能是拉图尔的老师。

1617年，迎娶狄安娜·勒·奈尔夫为妻。这一联姻让拉图尔进入了当地的贵族圈。

1618年，三十年战争爆发。

1618—1619年，父亲和岳父相继去世。

1619年，大儿子菲利普出生。

1620年，定居在洛林公国的吕内维尔（Lunéville），洛林大公亨利二世命人在此处建造城堡，并赐予拉图尔豁免权证，令他拥有了和贵族一样的特权。

收克洛德·巴卡拉（Claude Baccarat）为徒。

1621年，第二个儿子埃蒂安出生，这也是拉图尔唯一一个日后成为画家的孩子。

1623—1624年，洛林大公亨利二世购买了拉图尔的两幅画作。

1625—1631年，拉图尔过着乡绅生活。尚无资料显示他在此期间的创作情况，但是订单的数量很多。

1626年，新收徒弟克洛德·卢瓦奈·德·勒米尔蒙（Claude Roynet de Remiremont）。

拉图尔的名字屡次出现在公证书上，说明他享有威望。

1631—1635年，法国和洛林爆发战争。瘟疫肆虐。吕内维尔遭到掠劫，火灾四起，拉图尔的大部分画作在此期间消失。

拉图尔的名字很长时间里没有出现在任何资料中，可能是因为暂居在了比利时的安特卫普。

1636年，新收徒弟弗朗索瓦·纳尔多恩（François Nardoyen），也是他的外甥，不久死于瘟疫。

1638年，法国和洛林之间冲突再起，吕内维尔再度遭到掠劫、火灾。拉图尔及其家人可能在南锡避难。

1639年，拉图尔前往巴黎，甚至可能打算在此定居，因为他在巴黎收了一个名叫纪尧姆·吕埃（Guillaume Rué）的徒弟。短居后回到南锡。

12月，被任命为国王路易十三的御用画家。

1641年，埃蒂安被任命为吕内维尔画家。

1641—1642年，卷入官司，最终因为1620年的豁免权证而免于一劫。

1643年，新收徒弟克雷斯蒂安·乔治（Chrestien George）。

1644年，开始接收一系列订画单，以此作为年度礼物送给洛林大公亨利二世。被尊为"吕内维尔著名画家"。

1645年，给画作《圣彼得的眼泪》（« Les Larmes de saint Pierre »）署名并注上日期，这是第一幅明确出自拉图尔之手的画作。

附录1：拉图尔年表

1647年，埃蒂安迎娶维克一位富商的女儿。

1648年，埃蒂安被任命为御用画家。

1648年，女儿玛丽去世。六个子女中只剩下了两个女儿和一个儿子：克里斯蒂娜、克洛德和埃蒂安。

新收徒弟让·尼古拉·狄德劳（Jean Nicolas Didelot）。合同显示，这个徒弟要给拉图尔当模特。

所创画作价值连城，拉图尔很是富有，时常围猎，养了一个猎犬群。

1650年，给画作《圣彼得的背弃》（«Le Reniement de saint Pierre»）署名并注上日期。

1652年，因身患瘟疫于1月30日去世。同月15日和22日，妻子和仆人亦相继去世。

附录2：拉图尔小传

乔治·德·拉图尔。今天，这个法国名字在美术界非但不令人陌生，而且十分响亮。他被广泛认为是十七世纪最伟大的画家之一。他的作品里既有宗教画也有世俗画，既有日景画也有晚景画，而最具鲜明特色的则是他仅凭一根蜡烛、一盏提灯、一支火把、一面镜子，甚至是从画面之外照进来的炉火，就能营造出神秘、幽暗又发人深省的氛围，而无需激烈的人体动作。他生活在亨利四世改宗的时代，那时法国的宗教斗争异常激烈，事业巅峰时期恰好身处席卷欧洲的三十年战争的核心区域，紧接着又遭受瘟疫的劫难；他年幼时，卡拉瓦乔去世，文艺复兴进入了尾声，巴洛克艺术在法国兴起。很多文献说到拉图尔的家庭、生活、财产、朋友和活动，但是目前没有出现他的任何一幅肖像，也没有任何文字说明他的长相、情感和思想，人们没有发现他的任何一件私人物品，更不知道他被葬在了哪里。他结交权贵、心思活络，但脾气暴躁，对平民百姓根本不友好。他生前享尽荣华富贵，身后却被迅速遗弃，而且被遗弃了将近三个世纪，其间只是偶尔被人提及……

发现拉图尔

从十八世纪起，拉图尔就是一个没有作品的名字。他的画作一直受人欣赏，也被陈列于博物馆的好位置，却被归为匿名作品或是被弄错了画家名字。1751年，奥古斯丁·卡尔梅（Augustin Calmet）修士在编纂《洛林丛书：洛林名人史》（*Bibliothèque lorraine ou histoire des hommes illustres qui ont fleuri en Lorrain*）的时候提到了拉图尔，不过名字是克洛德·杜·梅斯尼尔·德·拉图尔（Claude du Mesnil de la Tour）。卡尔梅提到这个吕内维尔的画家向路易十三献过画，这幅画太完美了，所以国王把房间里其他的画都撤了，只放这一幅。

直到十九世纪中叶，法国馆藏的拉图尔画作中绝大部分都没有标上他的名字。所以，法国十九世纪作家司汤达看到拉图尔的《手摇弦琴演奏者》（« Vielleur »）时，误以为作者是其他人。当时，博物馆的馆藏目录里注明这幅画出自西班牙画家穆里罗（Murillo）之手，这持续到1903年。不过司汤达却觉得这可能是西班牙画家委拉斯开兹的早期作品。后来，除了委拉斯开兹之外，有人认为这幅画的作者是西班牙画家苏巴朗（Zurbaran）。一直到1923年，才有人提出真正的作者可能是拉图尔。而在同一家博物馆里，有另外两幅画的署名是拉图尔。可惜的是，司汤达没能把这三幅画联系在一起。

因此，发现拉图尔是艺术史的重大事件，而且是国际艺术届协同合作的成果。

这场发现始于十九世纪下半叶。吕内维尔博物馆管理员亚历山大·乔利（Alexandre Joly）在1863年的《洛林考古期刊》（*Journal de la Société d'archéologie lorraine*）中发表了一篇题为《画家杜·梅斯尼尔-拉图尔》（« Du Mesnil-La-Tour, peintre »）的文章，虽然它只有六页篇幅，却成了现当代艺术史学家们发现拉图尔的重要基石。文中提到了吕内维尔政府将拉图尔的画作赠送给了南锡的法国总督（也就是洛林大公亨利二世），明确了拉图尔的出生地和去世年份，记录了他的学徒、子女，也提到了他的几幅画，但是作者并不知道画在哪里。最后，乔利期待地写道："有一天，也许有另一个人会发现他……让我们等待吧。"

虽然拉图尔的画作一直在法国的博物馆里展出，但是人们总以为这些画的作者来自西班牙、佛兰德或者荷兰，从来没有人想过这可能是十七世纪的法国作品。

1915年，德国艺术史学家赫尔曼·沃斯（Hermann Voss）将法国馆藏的几幅画重归于拉图尔

附录2：拉图尔小传

名下，其中有今天著名的《新生儿》《圣彼得的背弃》等。接着，欧洲各国的艺术史学家们开始发现并整理拉图尔的画作。迄今为止，共有约70幅拉图尔的作品被发现，包括绘画和铜版画等，其中绘画作品不超过五十幅，只有两幅画标明了日期。同时，由于拉图尔的姓名得到确认，大量相关文献资料也被挖掘出来。

1930年，拉图尔出现在了国际艺术期刊《形态》（*Formes*）上。

拉图尔画作重新正式向公众展出则是在1934年。法国画家、艺术批评家保罗·雅莫和法国艺术史学家查尔斯·斯特林于当年11月至次年2月在巴黎橘园美术馆举办了一场名为"法国十七世纪写实主义画家"的展览，展出了13幅拉图尔画作，将他与同时期的伟大法国画家勒南三兄弟放在同一个位置，而后者的画作要比拉图尔早将近一个世纪被重新发现。拉图尔的作品立刻引起了轰动，人们争先恐后地购买他画作的复制品。不过，作为策展人的雅莫和斯特林对拉图尔风格形

149

成的看法有分歧。雅莫强调拉图尔画作中的西班牙风格特征，斯特林则认为拉图尔的画风具有显著的法国特色，却也没有否认国外画风的影响。紧接着，越来越多的拉图尔画作被重新归到他的名下。

1939年，拉图尔出现在了法国教科书中。

从二十世纪五十年代起，国际商人、美国等各国著名博物馆还有广告宣传画让这位沉寂许久的十七世纪法国画家举世闻名。他的作品被视为法国文化遗产，多次走出国门参展，一旦他的画作被国外购买，便会随即引发全法胜利般的欢呼。

至此，拉图尔终于重新获得了生前享有的国家赞誉。

拉图尔的出身与家庭

拉图尔的故乡塞耶河畔维克从1552年起由法国统治，拥有繁荣的国际贸易。这里的教育同样兴盛，拉图尔应该读过书、学过拉丁语，因为他的签名很漂亮，而且会签拉丁文的名字。这座城市属于梅兹主教管辖区，主教于十五世纪被赶出梅兹，于是选择了维克作为该区域的首府。自然，维克是一座天主教城市。因此，年幼的拉图尔对宗教画一定不陌生。这里居住了不少画家，所以当地绘画领域的竞争很是激烈。拉图尔从事绘画艺术后选择离开这里实在是一个明智之举。维克处于盆地，和拉图尔日后长居的吕内维尔一样，在三十年战争中都是敌对双方争夺的要地。

拉图尔家族于1600年前后在维克发迹，人丁兴旺，其中多数为小人物，有的人会背负债务。不过他们也拥有一些地产、葡萄园，其中有不少从事建筑行业，而维克地区宗教建筑众多，因此拉图尔可能有亲戚对艺术感兴趣。拉图尔的父亲是个面包师，拥有少量地产。不过在维克有不计其数的面包店和甜品店，这可能是拉图尔及其兄弟姐妹中没有一人继承父业的原因，他也并不打算在这个开始衰落的城市里发展下去。

另外需要重点提及拉图尔的一位表亲，就是

阿尔丰斯·德·朗贝维莱。他于1593年至1633年担任维克检察官，起先是拉图尔一家的保护人，后来娶了安娜·拉乌尔（Anne Raoul）为妻，她是玛丽·勒·奈尔夫（Marie Le Nerf）的女儿，而后者是拉图尔妻子的姑姑。于是，两个人的关系更为紧密起来。朗贝维莱常被视为拉图尔的艺术启蒙者，他自身是个狂热的艺术爱好者，府邸里藏有大量来自欧洲各地的艺术作品，拉图尔对这些一定不陌生，他有可能因此看到了意大利文艺复兴时期的艺术作品。而且，朗贝维莱长期与南锡权贵有来往，他经常赞美拉图尔的画作，很有可能借着这层关系将拉图尔引荐了过去。

拉图尔与时代

拉图尔一生中的大部分时间都生活在吕内维尔。虽然吕内维尔距离他的故乡只有三十公里，但是属于洛林公国。而洛林地区直到1766年才正式并入法国，因此拉图尔从1620年起就是洛林公国的臣民了。

附录2：拉图尔小传

吕内维尔是个小城市，常住人口大约只有两千人，但是和维克一样，它地处要道，直通德国，以农业为主，商业发达，毗邻法国当时最重要的市场之一圣尼古拉市场（la foire de Saint-Nicolas），1600—1630年，这个市场处于巅峰时期，有大量国际贸易在此进行。维克在三十年战争中被双方争夺是因为地理环境，吕内维尔则是因其战略地位。

洛林坐落于多国交界之处，因而艺术家和艺术品的交流很是频繁，尤其是来自意大利与荷兰的。1610年，欧洲终于迎来了久违而短暂的和平，当时的艺术之都毋庸置疑是罗马，不过各地发展出了自己的艺术中心，景象一片繁荣。而在洛林公国首府南锡，查理三世为艺术家们提供赞助，于是洛林延续了自身的艺术传统。洛林的艺术家们形成了一个团结而稳定的团体，人数众多，从事各类艺术领域，从拉图尔出生到1633年，仅在南锡一城就有不下一百位画家。拉图尔之所以选择吕内维尔作为发展事业的地方，洛林的艺术环境当然是一个优势，而另一方面，也可能是因为在拉图尔之前，吕内维尔没有一个画家，而南锡的艺术竞争比维克要惨烈得多，雅克·贝朗日、克劳德·德鲁埃（Claude Deruet）、雅克·卡洛（Jacques Callot）、让·勒克莱尔（Jean Le Clerc）等著名画家都曾在此创作。

虽然当时新教和天主教之间矛盾重重，但是洛林公国几乎没有受到新教的影响，因而成了天主教反改革运动的阵营之一。虽然拉图尔生活的时期里，洛林地区并没有显著的冉森教派痕迹，但是冉森派的主要活动场所皇港修道院（abbaye de Port Royal）[1]已经开始被嘉布遣会控制，而方济各会渗入了洛林，对当地产生了深远的影响。可能正是这个宗教派别的思想让部分洛林人倾向于以简洁、直接的方式去感受和表达宗教情感，其中也许包括拉图尔。在方济各会修士的推动下，一种新的宗教肖像诞生了：必须既是"穷人的《圣经》"又是默想的基石。"穷人的《圣经》"这种宗教像类型在罗马教廷于1545年至1563年间召

附录2：拉图尔小传

开的特伦托会议中被再次强调，因为罗马教廷要求简化教导。此后，宗教题材的绘画可以包含隐藏的人物形象和含义。例如，被妻子嘲弄的约伯代表忍耐和接受，抹大拉的形象融合了忏悔和神秘的平静，而最普遍的主题则是将神圣的三位一体变形为人世间的家庭关系，于是，圣若瑟成了一个普通家庭里的父亲，圣母的生活也经常出现在画作中。根据罗马教廷的示意，宗教画除了要简朴地表现主题之外，从头颅到蜡烛等各种象征都能够让信徒通过欣赏肖像来走近上帝。而以上种种在拉图尔的画作中都有所体现，更有学者猜测，这些经常出现在其画笔下的人物原型可能来自他身边的人，尤其是他的妻子可能是抹大拉的玛利亚的形象来源。

由于宗教问题始终没有得到妥善解决，加上其他各种原因，1618—1648年，三十年战争席卷了整个欧洲，几乎所有欧洲强国都参加了战争，导致大面积的饥荒、屠杀和疾病，致使数百万人死亡。这一系列武装冲突的导火索是波西米亚起义，以反对哈布斯堡王朝在德意志民族的神圣罗马帝国推行天主教。敌对双方既有宗教人士，也涉及政治领域：天主教和新教，封建派和专制派。随着《威斯特伐利亚和约》的签署，专制派获得了胜利。而在宗教方面，最后商定各地自行决定宗教信仰。三十年战争结束后，现代欧洲的版图和宗教信仰分布情况基本确立。

十七世纪三十年代，受战争影响，越来越多的权贵来到了吕内维尔，例如国王路易十三和教宗黎塞留，使得拉图尔有机会将事业转向巴黎。1636年，拉图尔请桑巴·德·贝达蒙（Sambat de Pédamont）老爷做女儿玛丽的教父，他当时是庇卡底军团的上尉兼吕内维尔长官，效力于法国国王。然而1638年，正是这位贝达蒙出于战略考量下令在吕内维尔放火，这一举动使拉图尔的大量画作都毁于一旦。

上天没有垂怜这个已然饱受战争摧残的城市，反倒让它同时遭遇瘟疫侵袭，其中1631年尤为严重，而这一年里，当地的各类文献资料几乎都毫无记载。1638年，吕内维尔只剩下三十户家庭，而在朗贝维莱家族的两栋宅子里，直到1647年都没有任何一个人居住。拉图尔去世的时候，洛林这个曾经的"基督腹地花园"早已面目全非。

拉图尔与权贵

拉图尔并不是个一门心思扑在艺术创作上的画家，他借着自己杰出的作画能力拓展出了庞大而坚固的人脉关系网，成功实现了阶级跨越，享有贵族特权，这让他在战争和疫情的双重灾难中依然生活无忧，而平民生活却普遍艰难。

拉图尔除了通过售卖画作盈利之外，还拥有大片土地，他和另外两家共同坐拥吕内维尔三分之一的牲畜，他们养了不少猎兔犬，把猎兔赶到平民的农田里，因而遭人憎恨，最遭人恨的就是拉图尔。拉图尔非常富有，又和法国人合作，生意很是赚钱。现代的民族意识和国家意识在当时并不强烈，因此拉图尔在法国和洛林公国产生矛盾乃至发生战争的情况下，依然照旧进行自己的绘画创作和销售。拉图尔一家曾经外出几年躲避灾难，回来后政府正力图恢复城市生产活动。粮食价格飞升，拉图尔从中盈利颇丰，但是平民们义愤填膺，更何况1642年发生了严重的饥荒。此外，因为有太多人享有豁免权，所以平民的压力越来越大，抗议也越来越多。拉图尔的富裕生活与平民的悲惨状况形成了鲜明对比，加上他本人脾气暴躁、爱摆贵族谱、滥用豁免权、时不时与农民发生冲突，遭到了一次又一次的控诉。但是因为手握特权，他并没有损失。

吕纳维尔除了适合开辟绘画事业之外，还非常有利于拉图尔实现阶级跨越，因为他妻子的娘家人一直居住在这里，而他们则是名副其实的贵族。于是，拉图尔在吕纳维尔安顿好后不久便迅速发展起了自己的画室并招收学徒。从拉图尔画室的学徒协议来看，他的学徒数量和教学总时长都占据了吕内维尔的半壁江山，而且无论物价怎么飞涨，都有人愿意向他缴纳昂贵的学费。与此同时，拉图尔更是拿到了豁免权，受洛林大公亨利二世的庇佑。亨利二世钟情于这座城市，推动了当地的发展，他不喜欢南锡，想改首府为吕内维尔。不过，即便后来皇室成员们也陆续来到吕内维尔居住，南锡依然是洛林公国真正意义上的首府。宗教和政治斗争固然残酷，可也正是它们给拉图尔送来了大量贵族顾客，为拉图尔日后前往巴黎发展奠定了基础。在儿子埃蒂安的帮助下，拉图尔画作的销量很是客观。

1633年前后，拉图尔分别向路易十三和黎塞留献上了圣塞巴斯蒂安的肖像画和圣哲罗姆（Saint Jérôme）的肖像画。

1639年5月，拉图尔在巴黎短居了六个星期。一年之后，这位御用画家就在凡尔赛宫享有自己的住处，他在巴黎的业务量也随之陡然增加。

从1640年起，越来越多的巴黎权贵收藏拉图尔的画作，大部分都是晚景画。对这些画作的文字记录基本上仅限于所有者去世后的财产清单，因此并不清楚购买时间，也无法确定创作时间。

从1644年起，洛林大公亨利二世几乎每年都会订购拉图尔的画作，直到作家去世，一共订购了6幅，其中包括《耶稣诞生像》《圣亚列克西斯》《圣塞巴斯蒂安》《圣彼得的背弃》。

拉图尔之所以能够得到众多权贵的青睐，除了技艺精湛、别具一格之外，还因为他在选择人像主题的时候会考虑权贵的喜好和需求。于是，拉图尔经常描绘圣母玛利亚、抹大拉的玛利亚、圣若瑟、圣彼得、圣亚列克西斯、智者与经书的伟大译者圣哲罗姆等宗教人物，另外还有被尊为瘟疫者主保的圣塞巴斯蒂安，用以祈求瘟疫退去。

拉图尔的创作

虽然拉图尔成就斐然，但是他的学艺过程依然是个谜。尚不清楚他到底有没有拜师学艺过、向哪位或者哪些画家讨教过、去哪里游学过，只能结合当时洛林、法国和整个欧洲的绘画发展情况、拉图尔作品的特点以及洛林地区某些年份里拉图尔档案的缺失来进行推测。

十七世纪初，写实主义和风格主义这两个绘画流派同时在欧洲迅速发展。风格主义在南锡尤为兴盛，其代表画家雅克·贝朗日就在这里。南锡是当时的国际都市，居住在此处的洛林大公家族与欧洲各重要王室都有来往，为当地的艺术发展提供了沃土。对比拉图尔的画作便知，他并没有选择这种矫饰的风格。不过有学者猜测，拉图尔曾经师从贝朗日，因为贝朗日的晚期作品逐渐远离矫饰，通过孤立人物、打造人物的身影来作画，也更多地使用了明暗对比的手法。不过，拉图尔的风格与当时的写实主义更为相似，该流派的代表人物勒南的作品则经常被学者们用以与拉图尔的画作进行对比。

1613—1616年，拉图尔在洛林的活动没有任何记载，有学者认为他去了意大利，也有人认为是去了荷兰。支持前一个说法的人似乎更多，因为当时的罗马聚集了来自各地的艺术家，多种流派在此交会，而且大部分洛林年轻艺术家都会在学徒期结束后游历罗马。所以有学者猜测，拉图尔在这期间看到了卡拉瓦乔的真迹，那时候他刚去世不久。不过也有人认为，拉图尔首次接触到卡瓦拉乔的艺术可能是在1610左右的南锡大教堂，因为当时那里很隆重地安置了一幅出自罗马大师之手的《天使报喜像》，而1605—1610年期间，拉图尔可能在南锡学艺。

然而，卡拉瓦乔主义对拉图尔有所影响是拉丁语系的艺术史学家们所认同的观点，昂格鲁-撒克逊的艺术史学家们却认为北欧绘画才是他的灵感来源，因为拉图尔有大量画作的主题与北欧画契合，例如缴税、争吵、音乐家的孤独形象，而且他的写实手法和对静物的描绘也具有北欧风格。此外，拉图尔的作品虽然复古，但是并没有明显受到文艺复兴的影响，因为洛林对国外艺术的接受和法国的情况有些不同，洛林地区的文艺复兴主要体现在雕刻艺术上，不是因为当地人更喜欢这种艺术形式，而是因为当地的雕刻师都离

附录2：拉图尔小传

开了。

本地的艺术特征在拉图尔的作品中也有体现。例如，他和十五、十六世纪的法国绘画大师一样偏爱宽大而朴素的服饰，使画作兼具宗教和世俗气息，而洛林地区有大量此类艺术作品。另外，当时洛林地区深受神学家和神秘主义者的影响，人们偏爱使用蜡烛的火焰作为外部光源，与照亮身体内部的精神光源交相辉印，让人去凝视、沉思，因此，当时的洛林画家们普遍重视明暗对比，拉图尔也不例外。

在多股艺术之流的交会中，拉图尔形成了自己的风格。他的大部分作品画幅不大，长或者宽约1米，这跟当时洛林织布机的宽度一致。也有一些尺寸较大，需要额外增加一块甚至是若干块画布。不过目前没有发现拉图尔为某个教堂或其他大型建筑作画的记载。他的画作不会让人的目光在欣赏时涣散开去，而是集中在某个生活中习以为常的点点微光所构建的奇异世界里。他的光影效果所带来的震撼要远超人物本身，人物似乎只是一个载体、一个中介，用以传达某种丰富的思想，让存在与空无、此世与彼岸相互凝望。

不过遗憾的是，制定拉图尔的创作年表可谓困难重重，因为在目前留世的画作中，仅有两幅标明了创作日期，只能笼统地分为创作日景画阶段和创作晚景画阶段。但这两个阶段并不是泾渭分明的，因为有的晚景画估计出自早期，而且可能有一段时期里日景画和晚景画的创作是并存的。尚不清楚拉图尔到底为何放弃了早先的日景画创作，转而描绘晚景。有学者猜测可能与让·勒克莱尔有关，因为这位画家在十七世纪二十年代从意大利游学归来，回到了洛林。此外，拉图尔后期的作品中有儿子埃蒂安的参与，两人曾经共同署名，加上有时候署名模糊，目前又没有发现埃蒂安独自创作的画作，因而难以进行比照，也就难以明确这些画作的作者到底是谁。埃蒂安很可能压根就没有独自完成过画作，因为他并不醉心于绘画事业。

1652年，拉图尔去世后不久，埃蒂安就依照

附录2：拉图尔小传

他的遗言将其部分遗产赠予了吕内维尔的嘉布遣会修士。由于去世突然，拉图尔没有来得及安排艺术创作的传承。拉图尔去世不到两个月，埃蒂安就离开了吕内维尔。从1656年起，便再也没有文字记录埃蒂安的绘画活动了，可他的仕途发展实际上一直受到父亲名声的荫庇，他也被任命为"御用画家"。

拉图尔的画作很快被人遗忘，他的长期湮没很大程度上归咎于家人对其艺术成就的漠视。除了埃蒂安，拉图尔的后人里没有一人涉足绘画，也从来不去保管与他有关的资料与记忆，不去纠正人们对拉图尔画作的张冠李戴。从埃蒂安在父亲去世后的所作所为来看，他跟父亲学画很可能不是出于爱好或者志向，所以实际上，拉图尔和他的父亲一样，事业也是后继无人的。到法国大革命前夕，拉图尔可以说变得默默无闻，偶尔有书提及，但也只说那是个"以前的大师"。

生前帮助自己料理与绘画有关或无关的商业活动或纠纷的儿子、交好的王公贵族、有权有势的亲属，在拉图尔去世后竟无一人试图在史书上留下属于他的一页。也许在他们看来，拉图尔只是一棵有利于自己攀爬的大树、一个讨自己欢心的艺人。势利既成就了拉图尔，也让他承受了身后三百年的孤寂。虽然拉图尔人品不佳、心思不纯，但是他的艺术成就有目共睹，世界为之喝彩。

法国作家笔下的拉图尔

绘画与文学总是交融，拉图尔的作品也出现在了一些法国作家的笔下，不过每个作家的时代和心境都不同，对其画作的阐释也相互有别。

与拉图尔同时代的思想家布莱士·帕斯卡（Blaise Pascal）在著作《思想录》（*Pensées*）中写道："绘画真可谓自负虚荣，利用相似的特点让本来并不起眼的物品得到了赞美。"有学者认为，这句话的灵感来自拉图尔的《手摇弦琴演奏者》，也有学者将拉图尔绘画中的哲学思想与帕斯卡的思想进行比较。

附录2：拉图尔小传

1837年，司汤达参观南特博物馆时看到了《手摇弦琴演奏者》，在《旅行回忆录》(*Mémoires d'un touritste*)中说这幅画"丑陋至极，非常可怕"，不过也称赞说"并非一无是处，色调巧妙，情感真实"。

二十世纪三十年代，勒内·夏尔（René Char）在巴黎橘园美术馆的"法国十七世纪现实主义画家"展览上看到了拉图尔的画作，当即为之倾倒。夏尔写有若干篇关于拉图尔画作的文章，其中一篇关于《被妻子嘲弄的约伯》，收于《睡神散页》(*Feuillets d'Hypnos*)，作者说自己在书房里挂上了这幅画的复制品，在第二次世界大战的背景中思考这幅画的意义，认为拉图尔画出了"希特勒式的黑暗"。在《愤怒与神秘》(*Fureur et mystère*)中，夏尔致敬了《油灯前的抹大拉》。还有一篇收于《遗失的赤裸》(*Le Nu perdu*)，题名为《乔治·德·拉图尔的精准》(« Justesse de Georges de La Tour »)，提到了画作《作弊者》(« Le tricheur »)和《手摇弦琴演奏者》。

安德烈·马尔罗（André Malraux）在1937年出版的《希望》（*L'Espoir*）中说："拉图尔从不动来动去的。在那个疯狂的年代，他无视行动。都没有去想他是否能够很好地代表那个年代——他光芒四射。"而在《寂静之声》（*Les Voix du silence*）里，马尔罗再次盛赞了拉图尔。

拉图尔画作馆藏地

法国

格勒诺布尔博物馆，格勒诺布尔

泰西博物馆，勒芒

第戎美术馆，第戎

南特美术馆，南特

奥尔良美术馆，奥尔良

雷恩美术馆，雷恩

卢浮宫，巴黎

埃皮纳勒省立古代与当代艺术博物馆，埃皮纳勒

洛林历史博物馆，南锡

贝尔格市博物馆，贝尔格

图卢兹-劳特雷克博物馆，阿尔比

美国

底特律艺术学院，底特律

金贝尔艺术博物馆，沃斯堡

洛杉矶艺术博物馆，洛杉矶

国家美术馆，华盛顿

克莱斯勒博物馆，诺福克

克利夫兰艺术博物馆，克利夫兰

旧金山美术博物馆，旧金山

弗里克收藏馆，纽约

大都会艺术博物馆，纽约

加拿大

安大略美术馆，多伦多

日本

富士美术馆，东京

英国

莱斯特博物馆与美术馆,莱斯特

普雷斯顿庄园,斯托克顿提斯

德国

柏林国立博物馆绘画馆,柏林

乌克兰

利沃夫美术馆,利沃夫

另有少量为私人收藏

参考文献

Christopher Wright, *The Masters of Candelight*, Landshut : Arcos Verlag, 1995.

François-Georges Pariset, *Georges de La Tour*, Paris : Henri Laurens, 1948.

Jean-Claude Le Floche, *La Tour: Le clair et l'obscur*, Paris : Herscher, 1995.

L'ABCdaire de Georges de La Tour, Paris : Flammarion, 1997.

Pascal Quignard, *La nuit et le silence*, Paris : Flohic Éditions, 1995.

Robert Fohr, *Georges de La Tour. Le maître des nuits*, Paris : Éditions Serpenoise, 1997.

注释:

[1] 又译作波尔罗亚尔修道院。

附录3：历史人物关系

绘画界

卡拉瓦乔的画作中光影对比强烈，这个特点遭到了法国画家普桑的厌弃。不过实际上，卡拉瓦乔画派在整个十七世纪都很活跃。卡拉瓦乔在世时，就有不少模仿者；他去世后的十年里，掀起了第二股卡拉瓦乔学徒浪潮，为期十年，其跟随者中有大批佛兰德艺术家，例如荷兰画家昂瑟斯特，第三股卡拉瓦乔学徒浪潮席卷了整个欧洲，众多画家慕名前往罗马，其中就有法国画家武埃。武埃是当时罗马地区法国画家的领袖，普桑也经常出入这个群体，不过他的画作遭到了武埃的批评。卡拉瓦乔画派的精神后来也影响了乔治·德·拉图尔。

朗贝维莱不仅是拉图尔的表亲,还与学者、博学家、科学家、文人、天文学家、古董收藏家佩雷斯克保持通信。佩雷斯克是最早对卡拉瓦乔画作感兴趣的法国人之一,并和几位画家共同创建了"卡拉瓦乔正午画室"。

尚帕涅早期创作受鲁本斯的影响,但拒绝加入其画室,后来到巴黎求学,在此期间与普桑结交。尚帕涅和武埃是最受王室喜爱的两位画家,尚帕涅更是教宗黎塞留钦定的唯一可以描绘自己身着主教服模样的画家,于1648年2月成为绘画与雕塑皇家学院的首批主要成员之一。同年3月,勒南三兄弟也成为该学院的成员。

勒南三兄弟同为绘画与雕塑皇家学院的成员,雅莫曾将自己的画作赠予他们。但是两位哥哥在入选当年因传染病而相继去世,弟弟马修·勒南后来担任"巴黎常任画家"(peintre ordinaire de la Ville de Paris),获得圣米歇尔勋章(Ordre de Saint-michel）骑士勋章，为王室成员画过肖像。不过后来，普桑的古典主义画风大受欢迎，鲁本斯影响了学院的艺术倾向，勒南的名望在十七世纪下半叶顷刻间磨灭。1649年之后，绘画与雕塑皇家学院的记录里就再也没有马修的任何痕迹了。

保罗·雅莫让大众了解了十七世纪的法国绘画，尤其让拉图尔的绘画重新为世人所知。查尔斯·斯特林和他一同致力于此事。

音乐界

作曲家德拉兰德曾经尝试进入皇家音乐学院而无果，于是接替库普兰父亲的位置，在圣日尔韦教堂弹管风琴，因为当时年幼的库普兰尚未能够接替父亲。德拉兰德去世后，拉莫依然根据德拉兰德选择的诗篇创作经文歌。

让·吉勒创作的《安魂曲》（« Requiem »）曾在拉莫的葬礼上响起。

政商界

拉罗什富科参加过三十年战争,见黎塞留打算建立专制国家,公开表示反对,因此遭到监禁和流放。虽然他为王后做了很多事,但是新任教宗马萨林并不打算奖励他,因而极度失望,本指望能早一点拿到公爵头衔,这样就能得到"卢浮宫荣誉"(Honneur du Louvre),还能为妻子赢得王宫里的席位。仕途受挫后,拉罗什富科在投石党运动期间站在了路易二世·德·波旁(Louis II de Bourbon)一边,在情人隆格维尔公爵夫人的鼓励下加入贵族反抗活动。隆格维尔公爵夫人还鼓励自己的丈夫隆格维尔公爵和弟弟孔蒂亲王参与其中。鉴于拉罗什富科在投石党运动期间的活动,马萨林认为他是个叛徒,便铲平了他在韦尔特伊的城堡。拉罗什富科和文学圈交往甚密,与德·拉瓦尔夫人交好,后者的沙龙为他提供了创造新的文学题材的机会,由此诞生了《箴言集》,德·拉瓦尔夫人在这本书出版前进行了审校。作家拉封丹则将自己的一篇寓言故事题献给了他，题为《人与像》（« L'Homme et son image »）。而拉封丹在巴黎学习法律时，经常出入年轻诗人的圈子，由此结交了作家、诗人、早期报纸创办者塔勒芒·德·雷欧。

孔蒂亲王是隆格维尔公爵夫人的幼弟，隆格维尔公爵夫人还有一个弟弟，叫做路易二世·德·波旁，路易二世承袭了父亲的头衔，成了孔代亲王（"大孔代"）。

首相、教宗马萨林参加过三十年战争，他的妹妹劳拉·玛格丽特（Laura Margherita）有个女儿叫安娜·玛丽·马尔蒂诺兹（Anne Marie Martinozzi），嫁给了孔蒂亲王阿尔芒·德·波旁，也就是亨利二世·德·波旁的小儿子。

虽然前有人格魅力强大的黎塞留和马萨林，但是塞吉埃在维持中央集权并建立专制政府的过程中发挥了至关重要的作用。黎塞留去世后，塞吉埃接替他成了法兰西学院的保护人。

法国书商、印刷商克拉穆瓦西1614年起与黎塞留结交，出版了他的早期作品。1639年，在掌玺大臣塞吉埃的关照下，克拉穆瓦西获得了印刷王室法令的权利，成为五家有此殊荣的书商之一。

思想界

埃斯普利是德·拉瓦尔夫人沙龙的常客，先后效力于隆格维尔公爵夫人和拉罗什富科。曾得到塞吉埃的赏识，得到了一笔赏金，并于1636年被任命为国会议员，后与塞吉埃不和。孔蒂亲王看望他后心生怜悯，将其安置在自己的府邸中，并赠予钱财用于结婚。孔蒂亲王担任朗格多克地区的长官后，埃斯普利担任他的总管。

圣女大德兰和圣十字若望同为宗教改革者，两人并肩作战，都是十七世纪影响重大的宗教人物。圣女大德兰自述见过圣十字若望在雪地中赤脚前往村庄进行布道，但是也若干次批评他对苦行的热忱过了头。1580年，教皇格里高利十三世签署了一项政令，导致加尔默罗赤足修会和加尔默罗非赤足修会被分开，进而致使圣女大德兰和圣十字若望不再能够共事。此后，圣十字若望倍感孤独。

神学家圣西朗曾担任教宗贝鲁勒的秘书。

译者的话

法国当代作家帕斯卡·基尼亚尔以善写音乐而闻名，但实际上，他对绘画也很精通，时不时地在手稿上作画，而这些画中有一部分也印在了写音乐的作品里。基尼亚尔对光亮和黑暗的书写较多，其本人也偏爱身着黑衣，字里行间流露着神秘莫测的气息，这些与拉图尔的创作风格很是契合。

翻译这本书纯属巧合，本以为交了译稿就万事大吉，却不料更多的工作在后面。虽然拉图尔的国际声誉早已响亮，但是国内的相关书籍屈指可数。于是编辑找我商量，写一些关于拉图尔的补充文字。可我本身并不从事此类研究，但书中确有吸引我的地方，于是硬着头皮找资料。边读文献边感叹：这是怎样一个辉煌夺目又风云变幻、英雄辈出的时代，这是怎样一个艺术成就斐然却左右逢源、投机取巧、脾气暴躁的画家。找着找着，就有了附录中的画家年表、拉图尔小传和历史人物关系。很庆幸编辑给我提供了这样一个既折磨又长见识的机会，整理文字的同时也修正了若干错误的专有名词译法。不过，我毕竟不是绘画或者历史科班出身，在各方面都恐有疏漏，譬如历史人物名字与职务的翻译、绘画流派的特征与影响、拉图尔与各流派和名人的关系等，拉图尔画作的馆藏地也未必齐全。另外，受条件所限，参考文献都是20世纪的专著，对于拉图尔画作的最新研究成果无所涉及。欢迎各界专家不吝赐教！